Tao für Anfänger

über die 81 Weisheits-Sprüche des Lao-tse

Kontakt: www.HarryEilenstein.de
            Harry.Eilenstein@web.de
            Harry Eilenstein bei youtube

Herstellung und Verlag: BoD – Books on Demand, Norderstedt

ISBN: 9783754395035

Inhaltsverzeichnis

I Lao-tse und das Tao-Tê-King

Das Tao-Tê-King ist das am häufigsten übersetzte und am häufigsten kommentierte Buch der Welt. Es ist also fraglich, ob ich noch etwas Neues dazu sagen kann.

Die 81 Gedichte habe ich aus verschiedenen Übersetzungen zusammengestellt und aufgrund der verschiedensten Kommentare zu einzelnen Übersetzungen zum Teil neu formuliert – in der Hoffnung, damit dem, was Lao-tse sagen wollte, näher zu kommen.

Das, was ich – meiner eigenen Einschätzung nach – Neues dazu tun kann, ist der Blickwinkel der Magie, der in so gut wie allen Übersetzungen und Kommentaren vollständig fehlt. Zudem werden manche Zeilen auch deutlicher, wenn man sie vor dem Hintergrund der damaligen Mythologie betrachtet – was bisher nur selten geschehen ist.

Letztlich kann man den Wert eines Buches natürlich nur daran messen, in welchem Ausmaß es das eigene Leben zum Besseren verwandelt. Zumindestens mein eigenes Leben hat Lao-tse wohltuend beeinflußt.

Lao-tse hat im 6. Jahrhundert v.Chr. in China gelebt. Über sein Leben ist nichts Sicheres bekannt. Auch sein Name, der schlicht „Alter Meister" bedeutet, hilft nicht weiter.

Das Tao-Tê-King ist möglicherweise erst um ca. 400v.Chr. aufgeschrieben worden. Seine heutige Form hat es recht sicher erst um 150 v.Chr. erhalten.

Wenn man dies alles zusammennimmt, ist es ungewiß, ob Lao-tse tatsächlich ein realer Mensch gewesen ist, oder ob das Tao-Tê-King eine Sammlung von chinesischen Weisheiten gewesen ist.

Für die Auffassung des Lao-tse als eines konkreten Menschen spricht hingegen, daß um 600 v.Chr. in ganz Eurasien Weisheitslehren und Mysterienkulte entstanden sind, die alle die Eigenständigwerdung des einzelnen Menschen zum Ziel haben: (der vermutete) Lao-tse, Dschuang-tse, Kunfu-tse, Buddha, Patanjali, Jaina, Zarathustra, Zalmoxis, Pythagoras, die Mysterien von Eleusis und von Samothrake, der Kult des Mithras, des Orpheus und des Sol invictus, die Einweihungsrituale der Kelten und der Germanen usw.

Die Lehren des Lao-tse gehören auf jeden Fall in diesen Gesamtzusammenhang – egal ob Lao-tse nun ein konkreter Weiser gewesen ist oder eben sozusagen viele einzelne Weise.

Der Name „Tao-Tê-King" bedeutet „Buch über den Weg der Magie".

Das Wort „Tao" bedeutet sowohl „Weg" als auch „ursprüngliche Einheit". Es ist hier also das Leben im Einklang mit der ursprünglichen Einheit gemeint.

Die Wirkung dieser Lebensweise ist das „Tê", das man am besten mit „Magie" übersetzen kann, da es die Verzauberung der Welt beschreibt. Mit dieser Verzauberung ist gemeint, daß sich die Ereignisse für den, der im Zustand des Tê ist, sinnvoll fügen.

Das Wort „King" bedeutet schlicht „Buch". Dies ist dasselbe Wort wie das Wort „Ging" in dem Begriff „I Ging", der „Buch der Wandlungen" bedeutet.

Ein weiterer wichtiger Begriff aus dem Taoismus ist das „Wu-Wei", das „Nicht-Tun" bedeutet. Damit ist das Streben nach dem Einklang mit dem Tao gemeint.

Zwei Begriffe, die sowohl für das Tao-Tê-King als auch für das I Ging von großer Bedeutung sind, sind „Yin" und „Yang". Yang ist das Diesseits, der Leib, das Leben, der Süden, die Wärme, der Tag, die Helligkeit und die Trockenheit; Yin ist das Jenseits, die Seele, der Tod, der Norden, die Kälte, der Tag, die Dunkelheit und die Feuchtigkeit. Das ursprüngliche Tao hat sich in diese beiden Gegensätze polarisiert und die Mischung dieser beiden Ergänzungs-Gegensätze läßt alle Dinge in der Welt entstehen – dies wird ausführlich im I Ging betrachtet und beschrieben.

Ein weiteres interessantes Detail ist die Anzahl der Sprüche in dem Buch „Tao-Tê-King". Warum gerade 81 Sprüche?

Zahlen sind damals in der Regel nicht zufällig gewählt worden. So findet sich z.B. in den indischen Schriften und auch in der germanischen Überlieferung die „108" im Zusammenhang mit dem Sonnengott-Göttervater. Diese „108" setzt sich aus „$1 \cdot 2 \cdot 2 \cdot 3 \cdot 3 \cdot 3$" zusammen, was man auch als „$1^1 \cdot 2^2 \cdot 3^3$" schreiben kann. Die Sonne war eine Einheit („1"), deren Leben zwei Phasen, d.h. Tag und Nacht, Leben und Tod enthält („2"), und die eine endlose Wanderung, einen endlosen Zyklus durchläuft („3").

Diese drei Zahlen (1, 2, 3) standen auch für die damals üblichen drei grammatischen Numerus-Formen „Singular", „Dual" (Zweizahl) und „Plural". Diese drei Numerus-Formen wurden z.B. in der Hieroglyphen-Schrift durch einen, zwei bzw. drei senkrechte Striche dargestellt.

Der Singular war die Einheit, der Dual der Ergänzungs-Gegensatz und der Plural, also die „3" die Vielzahl und somit auch der Zyklus sowie die Sonne als dem Urbild eines zyklischen Vorgangs.

Wenn man nun die „81" betrachtet, zeigt sich, daß sie eine „$9 \cdot 9$" oder „9^2" bzw. eine „$3 \cdot 3 \cdot 3 \cdot 3$" oder „$3^4$" ist. Was ist damit gemeint?

Die „3" ist allgemein der Zyklus und die Sonne. Somit wäre die „81" ein Hinweis auf das Strahlen der Sonne auf dem Weg der Sonne – dabei könnte der zyklische Lauf der Sonne dem Tao entsprechen.

Die „9" hat allgemein die Symbolik der Zerstörung der „8". Die „8" ist wiederum „die große Zahl", da es in dem Zahlensystem der späten Altsteinzeit nur die Zahlen „1, 2, 4 und 8" gegeben hat. Aus diesen Zahlen setze man alle anderen Zahlen zusammen – z.B. „8+4+1 = 13". Größere präzise Zahlen brauchte man damals noch nicht … Die „8" als die größte dieser Grundzahlen erhielt daher auch die Symbolik der „Größe", dann die der „Vollständigkeit" und schließlich auch der „Vollkommenheit".

Aus diesem Grunde haben alte Darstellungen der Sonne oft acht Strahlen, hat das I Ging 8·8=64 Hexagramme, hat das Schach- und Dame-Brett 8·8=64 Felder, wurden die ägyptischen Götter oft in 8er-Gruppen zusammengestellt usw.

Es ist somit einleuchtend, wenn Systeme 8·8=64 Felder haben – das ist die Darstellung der Vollständigkeit. Doch warum 9·9=81 Felder?

Die „9" ist die Zahl, die die „8" zerstört – so wie auch die „13" die Vollkommenheit der „12" zerstört und daher Judas der dreizehnte Apostel ist und die „13" als Unglückszahl und Todeszahl angesehen wird – im Tarot ist daher die 13. Karte der „Tod". In Japan und in China findet sich z.B. auch der neunschwänzige Fuchs als Jenseitsbote.

Ist die „9" in der Anzahl „81" der Sprüche des Lao-tse ein Hinweis auf die Vergänglichkeit („9") jedes harmonischen Zustandes („8")? Falls dies zutreffen sollte, wäre die „81" geradezu eine programmatische Erklärung zu den Sprüchen des Lao-tse, die besagt, daß sich alle Dinge ständig ändern und daß man daher jederzeit mit dem „Tod" seiner liebgewonnenen Lebensumstände rechnen sollte und jederzeit für die „kleinen Tode" in seinem Leben und für den „großen Tod" am Ende seines Lebens bereit sein sollte.

Wenn diese Deutung zutreffen sollte, wäre die „81" dieselbe Aussage wie das „I" in „I Ging": der ständige Wandel aller Dinge. Genau das ist auch eine der Grundaussagen im Tao-Tê-King.

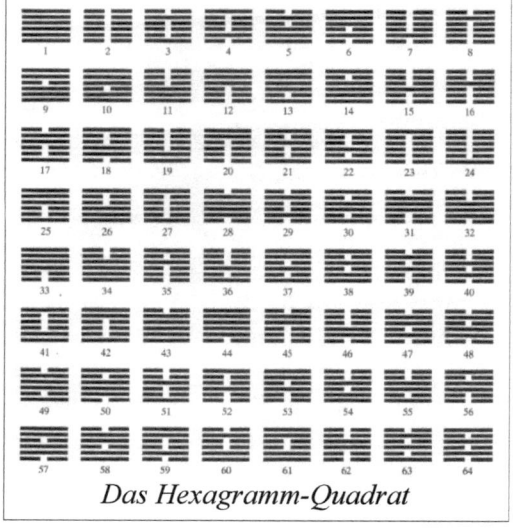

Das Hexagramm-Quadrat

Im I Ging sind die 8·8=64 Hexagramme nach einem bestimmten Muster in ein Quadrat eingefügt worden. Es ist leicht zu sehen, daß jeweils gegensätzliche Zeichen nebeneinander stehen, d.h. daß bei den Hexagrammen mit geraden Zahlen die durchgezogenen Linien und die unterbrochenen Linien gerade umgekehrt sind wie bei den Hexagrammen links neben ihnen mit den ungeraden Zahlen.

Ob diese 32 Paare in einer logischen Weise angeordnet sind, ist schwer zu erkennen – links oben sind immerhin die beiden Zeichen, die nur aus durchgezogenen oder nur aus unterbrochene Linien

6

bestehen – und rechts unten sind die beiden Zeichen, die aus abwechselnd durchgezogenen und unterbrochene Linien bestehen.

Es wäre denkbar, daß auch die 9·9=81 Felder, in die man die Sprüche des Tao-Tê-King einfügen könnte, eine Ordnung aufweisen, aber das ist schon deshalb schwer zu erkennen, weil diese Sprüche keine graphischen Symbole, sondern eben Verse sind. Und selbst bei dem Quadrat des I Ging ist bis heute keine schlüssige Ordnung entdeckt worden …

- - -

Die 81 Sprüche des Tao-Tê-King haben eine klassische Anordnung, die im Folgenden der Nummerierung der Sprüche von 1 bis 81 entspricht.

Da sich das Wesen der Weltanschauung, die hinter diesen Sprüchen steht, meines Erachtens jedoch nicht in dieser Folge am einfachsten verstehen läßt, werden die 81 Sprüche in diesem Buch in einer anderen Reihenfolge betrachtet – wobei jedoch jeweils die klassische Nummerierung beibehalten worden ist.

Es gibt natürlich keinen Spruch, der nur zu einem Thema gehört, aber die meisten Sprüche haben immerhin einen deutlichen Schwerpunkt in ihrer Aussage.

Lao-tse

II   Die 81 Sprüche

Die 81 Sprüche des Tao-Tê-King sind im Folgenden in mehreren Kapiteln zusammengefaßt worden, in denen jeweils die Sprüche stehen, die zu einem Thema gehören.

A   Die Muttergöttin

1. Spruch

Wenn man das Tao definieren kann, ist es nicht das ewige Tao!
Wenn man Begriffe begreifen kann, sind sie keine ewigen Begriffe!
Unbegreiflich ist der Ursprung des Himmels und der Erde,
der Ursprung ist begreiflich als der abertausend Dinge Mutter.

Daraus folgt:
Wenn Du beständig ohne Begehren bist, wirst Du sein Geheimnis erblicken;
Wenn Du beständig mit Begehren bist, wirst Du seine Oberfläche erblicken.

Diese beiden entstanden gemeinsam, doch wurden sie verschieden benannt –
beide zusammen nennt man geheimnisvoll,
das Geheimste des Geheimnisses, die Pforte aller Tiefgründigkeit ...

Das Tao ist formlos und daher auch unerklärlich, da man nur über Strukturen eine Aussage machen kann. Zudem ist das Tao ewig. Das Tao ist auch die Muttergöttin, die alle Dinge geboren hat – auch Himmel und Erde.

Begehren bewirkt eine Auswahl, sodaß man nur die Oberfläche der Welt sieht. Wenn man sich jedoch ganz auf das Leben einläßt, sieht man das Innere der Welt.

Das Außen ist der Leib: Yang. Das Innen ist die Seele: Yin. Beide gehören zusammen und wurden zusammen erschaffen – sie sind aus dem Ur-Ei entstanden: Yin und Yang sind aus dem Tao entstanden.

Das Geheimnis ist das Tao, die Urgöttin. Die Tiefgründigkeit ist ebenfalls das Tao, die Urgöttin. Die Pforte zu dieser Tiefgründigkeit ist der Schoß der Urgöttin, die alle Dinge geboren hat.

6. Spruch

Der Geist des Tales ist unsterblich ...
man nennt ihn den geheimnisvollen Mutterschoß.
Der geheimnisvollen Urmutter Pforte
wird des Himmels und der Erde Uranfang genannt.
Endlose feinste Seidenfädchen – sie sind unerschöpflich, wenn man sie benutzt.

Der „Mutterschoß" und der „Urmutter Pforte" ist der Schoß der Muttergöttin, die alle Dinge gebiert. Sie gehört in allen Religionen zu der ältesten Schicht, die noch aus der Altsteinzeit stammt.

Diese Göttin hat sogar Himmel und Erde geboren.

Der Schoß der Göttin ist „geheimnisvoll", weil er als der Anfang, als die ursprüngliche Einheit, nicht in mehrere Teile zerlegt und somit auch nicht vom Verstand beschrieben werden kann – dieser Anfang ist einfach da, wie sich an der Existenz der Welt zeigt. Der Schoß der Göttin ist hier mit dem Tao identisch.

Was ist der „Geist des Tales"? In anderen Sprüchen erscheint das Wasser als das, was die Täler erschafft. Das Wasser ist das, was alle Dinge gestaltet und das Wasser wird auch mit der Wasserunterwelt, mit dem Urwasser als Quelle aller Dinge und vermutlich auch mit dem Fruchtwasser, das das ungeborene Kind im Bauch der Mutter umgibt, assoziiert.

Der „Geist des Tales" ist somit auch der Geist des Wassers – und das Wesen des Wassers wird im Tao-Tê-King als Weichheit, Nachgeben, Formen, Unüberwindbarkeit beschrieben. Der „Geist des Tales" ist somit die Haltung der Taoisten: das Wu-Wei.

Die „feinsten Seidenfädchen" sind vermutlich die „Silberschnüre", d.h. die Verbindungen aus Lebenskraft, die alle Dinge miteinander verbinden, die Analogien zwischen ihnen deutlich werden lassen und die Vielfalt zu einer organischen Einheit verweben und so die Geborgenheit in der Muttergöttin entstehen lassen. Sie sind unerschöpflich, weil sie in allem sind.

20. Spruch

Verzichte auf Gelehrsamkeit –
und Du hast keine Sorgen mehr.

Zustimmung und Ablehnung –
der Unterschied zwischen ihnen ist klein, nicht wahr?
Gut und Böse –
der Unterschied zwischen ihnen ist nicht groß, nicht wahr?

Das, was die Menschen fürchten, kann nicht nicht gefürchtet werden.
Einsamkeit, ach – Dein Ende ist wirklich weit entfernt!
Die meisten Menschen sind fröhlich und ausgelassen
als gingen sie zu großen Opferfesten, als bestiegen sie die Terrassen im Frühling.
Ach, ich jedoch bin still ohne jegliches Anzeichen von Lächeln
wie ein neugeborenes Baby, das noch nicht gelächelt hat,
müde, erschöpft, ach, wie ohne einen Ort, an den ich heimkehren könnte.
Die meisten, alle Menschen leben im Überfluß, nur ich allein bin wie verloren.
Wahrlich, ich habe das Herz eines einfältigen Menschen.
Ach, verworren und verwirrt …
Gewöhnliche Menschen sind klar und klug,
nur ich bin dunkel und trübe;
gewöhnliche Leute sind scharf und entschieden,
nur ich allein bin traurig und bekümmert.
Ach, wogend bin ich wie das Meer,
ach, wehend bin ich wie ohne Ziel.
Die meisten, alle Menschen haben ein Ziel,
nur ich allein bin einsam,
scheine ein Hinterwäldler zu sein,
Nur ich alleine bin anders als die anderen Menschen –
aber ich schätze die Nährende Mutter.

Die Hauptaussage in diesen Versen ist, daß der Taoist (das „ich" in dieser Strophe) sich nicht um Gelehrsamkeit, Gesellschaft, Heimat und ähnliches kümmert, sondern auf die Muttergöttin vertraut – auf die „nährende Mutter".

25. Spruch

Am Anfang entstand aus dem Chaos heraus ein vollendetes Wesen –
bevor Himmel und Erde geboren wurden.
Ach wie still, ach wie leer,
eigenständig, unveränderlich,
überall wirkend und doch unerschöpflich es ist:
es kann daher als die Urmutter der ganzen Welt angesehen werden.

Ich kenne seinen Name nicht und um es zu bezeichnen, nenne ich es Tao;
wenn ich ihm einen Namen geben sollte, würde ich „groß“ sagen.

Groß bedeutet entschwindend,
entschwindend bedeutet weitreichend,
weitreichend bedeutet zurückkehrend.

Daher ist das Tao groß, ist der Himmel groß,
ist die Erde groß, und ist auch der König groß.
In der Welt sind vier große Dinge,
und auch der König ist eins von ihnen hier bei uns.

Der Mensch richtet sich nach der Erde,
die Erde richtet sich nach dem Himmel,
der Himmel richtet sich nach dem Tao,
das Tao richtet sich nach sich selber.

Hier wird das Chaos von dem ersten Wesen unterschieden. Dieses erste Wesen war eine Einheit und einzig und alles und allumfassend und vollkommen: das Tao, das Ur-Ei, die Urmutter aller Dinge.

Die dritte Strophe scheint das Tao als etwas Rhythmisches zu beschreiben – vielleicht aber auch nur als etwas Formloses, in das alles letztlich zurückkehrt.

Der König sollte auf der Erde das Wesen des Tao verkörpern und es auf der Erde verbreiten.

Das Tao ruht in sich selber und ist der Anfang aller Dinge; der Himmel orientiert sich am Tao; die Erde orientiert sich am Himmel; der Mensch orientiert sich an der Erde. Das ist geradezu eine Meditations-Anleitung: Auf die Dinge auf der Erde aufmerksam sein, in ihnen die himmlische Ordnung (Analogien) finden, in diesen die Quelle entdecken, also das Tao.

52. Spruch

Die Welt hat einen Anfang, den man folglich als die Mutter der Welt ansehen kann.
Wenn Du Deine Mutter gefunden hast, kennst Du auch ihre Kinder;
wenn Du ihre Kinder kennengelernt hast,
kehre zur Aufmerksamkeit auf Deine Mutter zurück –
das Ende des Lebens ist dann nicht mehr bedrohlich.

Schließe Deine Türe, verriegle Deine Tore –
und Du beschließt Dein Leben nicht voller Sorgen!
Öffne Deine Tore, steigere Deine Verwicklung in das Leben –
und Du beschließt Dein Leben unerlöst.

Auf das Kleine achten bedeutet Erleuchtung,
die Nachgiebigkeit bewahren bedeutet Standfestigkeit.
Nutze dieses lichtvolle Bewußtsein
um nach Hause zu Deiner Erleuchtung zurückzukehren,
ohne Dich den Sorgen auszusetzen.
Dies wird durch Übung beständig werden.

Hier wird das Bild der Welt als eines Kindes der Muttergöttin noch deutlicher formuliert. Lao-tse empfiehlt in diesen Versen, alles in der Welt als Geschöpfe der Muttergöttin anzusehen und die Geschöpfe der Welt auf diese Weise zu verstehen. Anschließend sollte man dann jedoch mit seiner Aufmerksamkeit nicht bei den Geschöpfen, sondern bei der Muttergöttin bleiben.

In mehreren anderen Sprüchen wird deutlich, daß Lao-tse das Tao als das Ursprüngliche auffaßt, d.h. daß er es dieser Muttergöttin gleichsetzt.

Das Ende des Lebens ist nicht mehr bedrohlich, wenn man sich auf die Muttergöttin ausrichtet, weil sie die Geborgenheit in der Welt ist und weil man nach dem Tod im Jenseits von ihr wiedergeboren wird.

In der zweiten Strophe wird geraten, daß man sich nicht an zu viele Dinge binden soll, daß man nicht von Äußerem abhängig werden soll. Das kann man auch als Anleitung zur Meditation auffassen: in sich selber ruhen.

Die dritte Strophe ist eine Meditations-Anweisung. In der Kombination mit der ersten Strophe ergibt sich das Ruhen in der Muttergöttin als das Ziel der Meditation.

Dabei sind diese Meditations-Anleitungen in den sechs Zeilen der dritten Strophe ausgesprochen interessant:

13

- Man soll auf das Kleine achten: Kungfu-tse sagt, daß die Menschen nicht über Berge, sondern über Maulwurfshügel stolpern. Vermutlich ist hier aber auch einfach Sorgfalt in dem, was man tut, gemeint – das würde auch eher erklären, wieso dieses Achten auf das Kleine zur Erleuchtung führt.

- Der Rat in der zweiten Zeile der dritten Strophe – Standfestigkeit durch Nachgiebigkeit – ist eine gut bekannte chinesische Weisheit: Der Wind bricht den harten Baum, aber nicht den elastischen Bambus.

- In der dritten und vierten Zeile dieser Strophe wird geraten, „nach Hause zurückzukehren", d.h. in der Muttergöttin bzw. im Tao zu ruhen.

- Die fünfte Zeile betont noch einmal, daß man sich nicht zu sehr an Dinge binden sollte und daß Loslassen förderlicher ist als Festhalten.

- Schließlich wird – wie in so gut wie allen Meditations-Anleitungen – der Nutzen der Übung betont.

59. Spruch

Leite das Volk, diene dem Himmel,
nichts übertrifft Genügsamkeit.

Wahrlich: nur Genügsamkeit führt dazu,
daß alles zur rechten Zeit paßt;

das Passen zur rechten Zeit bedeutet,
daß sich eine bedeutende Menge an innerer Kraft ansammelt;

die Ansammlung von innerer Kraft bedeutet,
daß es nichts gibt, was nichts bewältigt werden könnte;

daß es nichts gibt, was nicht bewältigt werden könnte, bedeutet,
daß niemand seine eigene Grenzen kennt;

wenn niemand seine eigenen Grenzen kennt,
dann ist man in der Lage, das eigene Reich zu lenken;

wenn man des eigenen Reiches Mütterlichkeit wahrt,
kann man lange fortbestehen.

Dies bedeutet:
tiefbegründet, fest verwurzelt, beständig leben
im Tao der zeitlosen Einsicht.

Das rechte Maß ist der erste Schritt auf dem Weg zum Tao, das das einzig Beständige ist.

Aus dem Tao heraus entwickeln sich letztlich auch die Tugenden eines Königs.

Das Tao ist das, was „mütterlich" ist und das Königreich gedeihen läßt.

B Das Nichts

11. Spruch

Dreißig Speichen treffen sich in einer Nabe:

Auf dem leeren Raum in dem Rad
beruht des Wagens Brauchbarkeit.
Man bildet Ton und macht daraus Gefäße:
Auf dem Nichts daran beruht des Gefäßes Brauchbarkeit.
Man durchbricht die Wand mit Türen und Fenstern, damit ein Haus entstehe:
Auf dem Nichts daran beruht des Hauses Brauchbarkeit.
Darum: Das Sein gibt Besitz, das Nichtsein Brauchbarkeit.

Das Nichts ist im Taoismus eigentlich die Leere, das Frei-sein von etwas. Das wird hier durch den Raum zwischen den Speichen eines Rades beschrieben, durch die das Rad leichter wird, und auch durch den Innenraum in einem Gefäß sowie mit dem Beispiel der Türen und Fenstern eines Hauses.

Die Lücke, die Leere, der freie Raum, das Nichts ist das, was Dinge brauchbar macht. Das ist natürlich nur eine Illustration, da z.B. ein Messer durch seine Klinge und ein Bett durch seine Matratze nützlich wird – also durch das, was da ist.

Von diesem Bild leitet Lao-tse dann ab, daß die Substanz notwendig ist, aber daß erst das Fehlen von Substanz an manchen Stellen diese Substanz nützlich macht.

Die Argumentation ist hier nicht sehr tiefsinnig, aber man kann klar erkennen, daß es Lao-tse darum geht, das Nicht-Haben und das Nicht-Tun über das Haben und Tun zu stellen.

14. Spruch

Schau – es ist nichts zu sehen: sein Name lautet „unsichtbar":
lausche – es ist nicht zu hören: sein Name lautet „unhörbar";
greife danach – doch es ist nicht zu fassen: sein Name lautet „unfaßbar".

Diese drei können nicht erfaßt werden,
weshalb sie sich verbinden und eine Einheit bilden:
diese ist oben nicht hell und unten nicht dunkel.
Endlos unbegrenzt kann sie keinen Namen tragen,
sie kehrt zurück, kehrt heim, geht hin zum Wesenlosen.

Dies nennt man die Form des Formlosen, das Abbild des Wesenlosen,
dies nennt man das verborgene Chaos.
Schreite ihm entgegen: sein Anfang ist nicht zu erblicken;
folge ihm nach: sein Ende ist nicht zu erblicken.

Wenn Du am uralten Tao festhältst, wirst Du die Gegenwart meistern.
Die uralten Anfänge sehen zu können, nennt man den roten Faden des Tao.

Die erste Strophe beschreibt Formen des „Nichts": unsichtbar, unhörbar, unfaßbar.

Diese drei Eigenschaften werden in der zweiten Strophe als Einheit beschrieben – es gibt nicht mehrere Arten von „Nichts". Interessanterweise findet sich im Alten Ägypten eine Achtheit von Göttern, die auch dieses Nichts als Ursprung aller Dinge beschreiben. Dies sind jeweils ein Gott und eine Göttin, die das Urwasser, den leeren Raum, die Dunkelheit und die Weglosigkeit darstellen – was den drei Eigenschaften des Nichts bei Lao-tse sehr nahe kommt.

Dieses Nichts läßt sich nicht in Polaritäten aufteilen (hell = Yang; dunkel = Yin) und hat daher auch keinen Namen und es kehrt immer wieder zu sich selber zurück, d.h. es ist nicht formbar oder verwandelbar, sondern ist einfach das, was es ist. Dieses Nichts ist wesenlos, d.h. eigenschaftslos, denn zu jeder Eigenschaft gibt es auch das Gegenteil dieser Eigenschaft.

Da das Nichts keine Eigenschaften und keine Form hat, kann es nur als „Chaos" bezeichnet werden. Es hat auch keine zeitliche Begrenzung (Anfang und Ende).

Dieses Nichts wird hier dem Tao gleichgesetzt, d.h. der Einheit vor der Schöpfung, dem Ur-Ei, aus dem in der chinesischen Mythologie die Welt entsprungen ist.

Dieses Tao ist das, was dem Menschen Orientierung in der Welt gibt – es ist das einzige, das sich niemals ändert …

17

40. Spruch

Rückkehr – die Bewegung des Tao,
Nachgiebigkeit – die Anwendung des Tao.

Alle Dinge in der Welt sind aus dem Sein geboren,
und das Sein ist aus dem Nicht-Sein geboren.

Das Tao, also die Einheit am Anfang aller Dinge, ist das, wohin man zurückkehren sollte, um Halt und Orientierung zu erlangen, da es das einzige ist, was sich nicht wandelt. Hier ist das Tao dasselbe wie die Shunyata und das Nirvana im Buddhismus, wie Kether in der Kabbala und die Urgottheit bzw. die einzige Gottheit in vielen Religionen.

Das Ruhen im Tao ermöglicht es, auf alle Ereignisse elastisch zu reagieren ohne umzustürzen. Man klammert sich nicht fest, sondern läßt los und gibt nach, nur um sich dann wieder gerade aufzurichten – die Weisheit des elastischen Bambus.

Die Vielheit der Welt ist das Sein – und dieses Sein ist aus dem Tao, d.h. aus dem Nicht-Sein, aus dem Nichts heraus entstanden. Hier ist das Tao sowohl die Shunyata, das Nirvana, Kether und der Urgott als auch das, was vor dem Urknall gewesen ist. Die Singularität, die als erstes beim Urknall entstanden ist, also die noch ungegliederte Einheit, ist die Entsprechung zu dem Tao in der heutigen physikalisch-astronomischen Kosmologie.

Das Chaos findet sich in der Kabbala als die „drei Schleier der negativen Existenz" oberhalb von Kether, also oberhalb der Einheit, die dem Tao entspricht.

C Das Tao

Das „Tao" ist der zentrale Begriff in dem Tao-Tê-King. Man kann ihn außer mit „Weg" auch noch mit „Nichts", „Einheit" und „Chaos" übersetzen.

Ein solcher Begriff findet sich in vielen magisch-mythologischen Religionen, also in vielen jungsteinzeitlich geprägten Weltbilden.

Für die Umschreibung dieser Qualität sind von den Völkern verschiedene Vergleiche benutzt worden:

Ägypter:	*ma'at*	„Mutter"
Sumerer:	*me*	„Mutter"
Tibeter:	*tashi*	„glückliches Schicksal"
Navahos:	*ho'zhong*	„Schönheit"
Römer:	*ritus*	„Rad"
Hethiter:	*aya*	„Rad"
Inder (alt):	*rita*	„Rad"
Perser:	*asha*	„Rad"
Inder (neu):	*dharma*	„Versmaß"
Germanen:	*sidr*	„althergebrachte Weise"
Chinesen:	*tao*	„Weg"
Kelten:	*fhirinne*	„Wahrheit"
Slawen:	*prawda*	„Wahrheit"
Griechen:	*dikaios*	„Gerechtigkeit"
usw.		

Die Betrachtung dieser verschiedenen Vergleiche hilft, das Wesen der Richtigkeit und somit auch des Tao besser zu verstehen:

Die Umschreibung der Richtigkeit als die „Mutter"-Qualität zeigt, daß die Beachtung der Richtigkeit das Entstehen von Fülle und Geborgenheit bewirkt. Zudem könnte die Richtigkeit ursprünglich als eine Eigenschaft oder als ein Geschenk der Muttergöttin angesehen worden sein.

Auch das Tao wird der Muttergöttin gleichsetzt.

Die Umschreibung der Richtigkeit als „glückliches Schicksal" zeigt, daß die Befolgung der Richtigkeit dazu führt, daß einem das, was man sich vornimmt, gelingt und daß man glücklich wird.

Diese Wirkung der Treue zur Richtigkeit, d.h. der Verbindung zur Muttergöttin wird von Lao-tse als „Tê" bezeichnet.

Die Umschreibung der Richtigkeit als „Schönheit" zeigt, daß durch die Richtigkeit alle Teile eines Ganzen miteinander in Harmonie stehen. Das bedeutet wiederum, daß sich alle Teile eines Ganzen selbstähnlich sind, d.h. daß sie alle nach demselben Grundprinzip konstruiert sind.

Dieses Prinzip ist ein Element aller lebendigen Dinge: Jedes Lebewesen hat sein Horoskop und folglich seinen Charakter, der sich in jedem Körperteil und jeder Verhaltensweise wiederfindet. Daher stimmt das Horoskop auch mit der Iris-Diagnose, mit den Handlinien, mit den Fußreflexzonen, mit dem Zustand der Akupunkturpunkte usw. überein.

Man kann sogar die Fraktale aus der Mathematik zu dieser Schönheit rechnen, da auch sie selbstähnlich sind, da sich jede Form in einem Fraktal, wenn man ausreichend weit ins Detail geht, im ganz Kleinen wiederholt.

Die Richtigkeit ist also die Harmonie zwischen den Teilen eines lebendigen Ganzen.

Im weiteren Sinne ist die Schönheit auch die Harmonie zwischen einem Menschen und seiner Umwelt. In diesem Sinne ist diese Schönheit derzeit im Verhalten der Menschheit als Ganzer dringend notwendig, damit wir nicht durch Atombomben, Überbevölkerung, Artensterben, Umweltverschmutzung, Klimaerwärmung usw. die Erde unbewohnbar machen.

Diese Schönheit ist sowohl eine Eigenschaft des Tao als auch des Tê.

Die Umschreibung der Richtigkeit als „Rad" zeigt, daß es jedes Ding eine Idealform haben kann – so wie ein Rad rund sein sollte.

Die runde Form des Rades (oder das richtige Gestimmtsein der Harfe in anderen Mythen) ist sozusagen eine technische Variante der „Schönheit".

Weiterhin zeigt die Umschreibung der Richtigkeit als „Rad" auch, daß die Richtigkeit auch einen zeitlichen Aspekt hat, d.h. einen Rhythmus, also die regelmäßige Wiederkehr des Früheren. Dieser zeitliche Aspekt zeigt sich vor allem im Jahreslauf, der die Landwirtschaft mit ihrem Aussaat-Terminen und Ernte-Terminen prägt.

Dieser zeitliche Aspekt taucht auch im Tao-Tê-King auf, aber er spielt nur eine untergeordnete Rolle.

Die Umschreibung der Richtigkeit als „Versmaß" zeigt, daß in einem auf die richtige Weise erschaffenen Ding die Teile dieses Dinges miteinander in Resonanz stehen. Die Lyrik beruht schließlich darauf, daß sich Elemente wiederholen und dadurch miteinander klingen: durch ein dasselbe Versmaß, durch denselben grammatischen Aufbau eines Satzes, durch gleiche Anfangs-buchstaben (Stabreim), durch einen Reim am Vers-Ende, durch die Wieder-holung einer Aussage mit anderen Worten usw.

Diese Resonanz führt dazu, daß die Teile des Ganzen miteinander schwingen und auf diese Weise ein lebendiges Ganzes bilden. Das findet sich dann in einem Lebewesen als Pulsschlag, Atem, EEG-Frequenzen, der Wechsel von Wachen und Schlafen usw. wieder.

Der als „Versmaß" umschriebene Resonanz-Aspekt der Richtigkeit läßt aus einzelnen Elementen ein Lebewesen werden – die Resonanz der Teile eines Ganzen miteinander ist ein wesentliches Merkmal von allem Lebendigem.

Aus diesem „lebendigem Schwingen" ergibt sich ein weitere Eigenschaft die aus dem Befolgen der Richtigkeit entsteht: die Elastizität. Diese Qualität kann man z.B. bei einer springenden Katze beobachten. Wenn eine Sache diese Elastizität und Eleganz hat, befindet sie sich in dem Zustand der Richtigkeit, dann ist sie „in Richtigkeit", d.h. in dem Zustand des „Tê".

Die Umschreibung der Richtigkeit als „althergebrachte Weise" zeigt, daß sich aus der Beachtung der Richtigkeit ein komplexes Verhalten ergibt, daß sich aus der Gesamtheit aller sinnvollen Verhaltensweisen ergibt: die Tradition.

Diese Tradition ist solange die sinnvolle Richtschnur, wie man nicht ein Verhalten entdeckt, daß noch sinnvoller ist, die also die Richtigkeit auf eine noch effektivere Weise ausdrückt. Die Tradition, die sich aus dem Befolgen der Richtigkeit ergibt, ist also nicht starr, sondern entwicklungsfähig.

Die Richtigkeit ist somit nicht festgelegt, sondern ist etwas, das wachsen und sich verändern kann.

Dieser Aspekt des Tao findet sich im Tao-Tê-King als der Rückhalt in der Muttergöttin und somit im Tao wieder.

Das Wort „Religion" beschreibt genau diesen Zusammenhang, da es wörtlich übersetzt „Rück-Verbindung" im Sinne von „haltgebende Verbindung zu einer Gottheit" bedeutet.

Die Umschreibung der Richtigkeit als „Weg" zeigt, daß die aktuelle Version der Richtigkeit der effektivste Weg ist, um etwas zu tun: Der „Weg" ist die „Tradition".

„Tao" wird meistens mit „Weg" übersetzt.

Die Umschreibung der Richtigkeit als „Wahrheit" stammt aus der Zeit, als das Weltbild, das sich um die Richtigkeit herum gebildet hatte, allmählich von dem Prinzip der Zentrierung, die das Königtum, den Monotheismus und die Philosophie geprägt hat, abgelöst worden ist.

Die Wahrheit ist die Betrachtung der Richtigkeit als etwas Ewiges, Allgemeingültiges, Unveränderliches, Festes.

Auch das Tao wird als das einzig Beständige beschrieben.

Die Umschreibung der Richtigkeit als „Gerechtigkeit" stammt aus derselben Zeit wie die „Wahrheit". Das richtige Handeln, das sich aus der Einsicht in die Situation ergibt, wurde durch die Gerechtigkeit abgelöst, d.h. durch ein Handeln, daß sich an Gesetzen, die immer und für alle gleich sind, orientiert.
Im Tao-Tê-King wird den Menschen und auch den Königen eher die Richtigkeit als die Gerechtigkeit empfohlen.

Die Richtigkeit ist ein Geschenk der Muttergöttin, sie bringt Fülle und Geborgenheit und Erfolg, sie zeigt sich in der Selbstähnlichkeit der Teile eines lebendigen Ganzen sowie in der Harmonie und der Resonanz zwischen diesen Teilen, und schließlich auch noch in dem rechten Maß und der rechten Form und dem rechten Zeitpunkt der Dinge. Daraus ergibt sich die Tradition, d.h. das Wissen über die effektive und daher sinnvolle Art und Weise, etwas zu tun.
Diese Beschreibung entspricht ganz der Darstellung des Tao durch Lao-tse.

4. Spruch

Das Tao: leer und doch von allen benutzt – und es kann nicht gefüllt werden.
Ach, es ist tiefgründig wie der Urahn aller Wesen.

Das Tao mildert die Schärfe aller Wesen,
das Tao löst ihre Knoten,
das Tao mildert ihren starren Blick,
das Tao vereint sich mit der Welt der gesamten Wesen.

Ach, es ist verborgen, doch andererseits auch gegenwärtig,
ich weiß nicht, wessen Kind es ist – anscheinend des Himmels Vorspiel.

Das Tao ist die Einheit hinter der ganzen Vielheit – man kann es als Chaos, als Nichts, als Urgöttin, als Gott, als Shunyata, als Nirvana, als Kether (hebräisch: „Krone"), als Wakan tanka (Dakota: „Großes Geheimnis") usw. ansehen und benennen. Es ist die Quelle aller Dinge und die Grundlage aller Dinge.

Das Ruhen im Tao läßt die Menschen wieder elastisch, elegant, schön werden … und man erhält einen Vorgeschmack („Vorspiel") auf den Himmel …

32. Spruch

Das Tao ist für alle Zeiten ohne Namen.
Seine Ursprünglichkeit scheint wirklich niemand begreifen zu können,
obwohl es so unscheinbar aussieht.

Wenn die Fürsten und Könige das beachten könnten,
   würden ihnen alle Geschöpfe aus eigenem Antrieb folgen!
Wenn Himmel und Erde miteinander in Harmonie vereint sind,
   werden sie süßen Tau herabsenden.
Wenn niemanden den Menschen gebietet,
   werden sie aus eigenem Antrieb heraus rechtschaffen werden.

Wenn man den Dingen Namen gibt, beginnt man Vorstellungen zu haben;
wenn es erst einmal Vorstellungen gibt, sollte man auch wissen,
wie man mit ihnen wieder aufhören kann –
dadurch, daß man weiß, wie man damit aufhören kann,
bleibt man durch die Vorstellungen ungefährdet.

Das Tao in der Welt ist symbolisch
wie das Fließen der Bäche in die Ströme
und das Fließen der Ströme in das Meer.

Das Tao ist nicht faßbar und beschreibbar und erscheint wie ein Fluß immer wieder anders und doch auch immer gleich – aber derjenige, der im Tao ruht, hat eine Ausstrahlung, die alle anderen sofort ohne jede Worte überzeugt.

Der „süße Tau", den Himmel und Erde durch ihre Vereinigung herabsenden, ist das Tê, der Einklang mit der Welt, das Glück, das innere Lächeln, die magische Wirkung der Wünsche, die Wiederverzauberung – die Liste der Folgen der Harmonie mit dem Tao ist lang.

Himmel und Erde sind in der chinesischen Mythologie weitgehend mit Yin und Yang identisch. Sie sind auch die beiden grundlegenden Elemente im I Ging:

Himmel:	Yang (–)	– dreifaches Yang (☰)
Erde:	Yin (- -)	– dreifaches Yin (☷)

34. Spruch

Das Große Tao fließt überall,
ach, es kann links und es kann rechts sein;
abertausend Geschöpfe vertrauen ihm und gedeihen in ihm
und werden von ihm nicht alleingelassen;
Verdienste werden von ihm erworben,
aber nicht als „haben" bezeichnet.

Es kleidet und nährt abertausend Geschöpfe,
aber es handelt nicht wie ein Herrscher;
da es beständig ohne Begehren ist,
kann es „klein" genannt werden.

Abertausend Geschöpfe kommen in ihm zusammen,
aber es handelt nicht wie ein Herrscher,
daher kann es „groß" genannt werden.

Weil es sich schließlich nicht selber „groß" nennt,
kann es alle Größe vollenden.

Das Tao ist groß, weil es in der gesamten Vielheit der Welt ist. Es ist aber zugleich auch klein, weil es auch in dem kleinsten Teil der Welt ist.

Das Tao will nichts, aber gestaltet alles. Der Mensch gedeiht, wenn ebenso handelt.

35. Spruch

Wahre das große Vorbild des Tao,
laß die Welt geschehen, weitergehen, aber Dir nicht schaden –
zufrieden, ausgewogen, erhaben.

Musik und Festschmaus verlocken
den vorbeiziehenden Wanderer zum Verweilen;
die Offenbarungen des Tao schmecken fade,
oh, sie scheinen ohne Würze zu sein!

Betrachte es – Du kannst es nicht sehen,
lausche ihm – Du kannst es nicht hören,
benutze es – Du kannst es nicht erschöpfen!

In der ersten Strophe wird wieder empfohlen, nichts festzuhalten und auch sich selber an nichts festzuhalten. Dann wahrt man seine Gelassenheit und sein heiteres Lächeln.

Zweite Strophe: Der irdische Genuß ist verlockend – die Genüsse der Meditation erscheinen fade. Doch dies ist nur solange so, wie man nicht beides wirklich kennt.

Dritte Strophe: Das Tao ist formlos und deshalb unfaßbar und zugleich unerschöpflich.

Man kann merken, daß der Verfasser dieser Verse auch eine gewisse Freude an Wortspielen und an paradoxen Formulierungen gehabt hat …

41. Spruch

Hochgebildete hören vom Tao, bemühen sich und üben es;
mittelmäßig Gebildete hören vom Tao,
bewahren es das eine Mal und verlieren es das andere Mal;
wenig Gebildete hören vom Tao und lachen sehr über es –
wenn nicht so über es gelacht werden würde, wäre es nicht das Tao.

Daher kommt das bewährte Sprichwort:
„Erleuchtetes Tao scheint dunkel zu sein,
sich entfaltendes Tao scheint sich zusammenzuziehen,
ebenes Tao scheint uneben zu sein."

Die höchste innere Kraft scheint gewöhnlich zu sein,
die größte innere Einheit scheint befleckt zu sein,
die umfassendste innere Kraft scheint nicht zu genügen,
die festeste innere Kraft scheint schwankend zu sein,
wahre Werte scheinen wandelbar zu sein.

Die größten Quadrate scheinen ohne Ecken zu sein,
die größten Talente scheinen erst spät vollendet zu sein,
die größten Stimmen scheinen wie stille Klänge zu sein,
die größten Formen scheinen wie ohne Umriß zu sein.

Das Tao ist verborgen und ohne Namen,
doch nur das Tao kann geben und vollenden.

In der ersten Strophe erscheint die Bildung als die Kenntnis des Tao. Aber offenbar ist es nicht ganz einfach, das Wesen des Tao zu erfassen – sonst würde nicht so oft über das Tao und das Streben nach ihm gelacht werden.

Zweite bis vierte Strophe: Das Tao ist schwer erfaßbar und scheint nur mit Logik nicht greifbar zu sein – es steckt voller scheinbarer Widersprüche.

Fünfte Strophe: Man kann das Tao nicht definieren, obwohl es die Grundlage von allem ist. Dies liegt daran, daß man eine Einheit nicht beschreiben kann. Worte brauchen immer das eine und das andere und das Verhältnis zwischen den beiden – sonst gibt es keine Struktur, die man mit Worten beschreiben könnte. Das Tao kann man nur erleben und leben.

51. Spruch

Das Tao erschafft sie,
die innere Kraft nährt sie,
die Geschöpfe formen sie,
die Umstände vollenden sie –
daher gibt unter den abertausend Geschöpfen keines,
daß nicht das Tao verehrt und die innere Kraft schätzt.

Die Verehrung des Tao,
das Wertschätzen der inneren Kraft
werden von niemandem befohlen,
doch tut es jeder aus sich selber heraus.

Dies ist so, weil das Tao sie erschafft
und die innere Kraft sie ernährt,
sie fördert, sie wachsen läßt,
sie schützt, sie gedeihen läßt,
sie pflegt und sie beschirmt.

Erzeugen, doch nicht besitzen,
handeln, doch nicht verlangen,
entwickeln, doch nicht beherrschen –
das nennt man tiefe innere Kraft.

Das Tao erschafft alles und ist daher in allem und entfaltet alles. Alles Erschaffene kann dies spüren und folgt dem Tao, das im eigenen Inneren als Kraft erlebt werden kann.

Diese Verse beschreiben auch die Grundhaltung der Meditation: Von innen heraus strahlen.

62. Spruch

Das Tao ist der Ort der Verehrung aller Geschöpfe –
der Schatz der guten Menschen und der Zufluchtsort der bösen Menschen.

Schöne Worte kann man beim Tauschhandel gebrauchen,
mit ehrenvolle Taten kann man Menschen fördern.
Warum sollte man die Existenz von Menschen, die nicht gut sind, ablehnen?

Daher ist selbst das Krönen eines Kaisers, das Ernennen von drei Ministern
der Besitz von kostbaren Jadescheiben und das Vorfahren im Vierergespann
nicht wie das einfache Dasitzen und jenes Tao anbieten.

Warum haben die Alten dieses Tao auf diese Weise geschätzt?
Nun, sagten sie nicht „Wer suchet, der findet",
„Wer Schuld auf sich genommen hat, wird errettet werden"?
Daher wirkt es in der Welt als Höchstes.

Hier wird ganz schlicht gesagt, daß das Anstreben des Tao für jeden gut ist – ganz egal, wer er ist und wie er ist. Und jeder kann das Tao finden und einem jeden tut es gut, es zu finden.

D Yin und Yang

2. Spruch

Wenn jeder auf der Welt die Schönheit als Wirkung der Schönheit kennt,
dann gilt dies wohl auch für die Häßlichkeit.
Wenn jeder auf der Welt die Güte als Wirkung des Guten kennt,
dann gilt dies wohl auch für das Böse.

Deshalb erzeugen sich Sein und Nicht-Sein gegenseitig,
deshalb vollenden sich Schweres und Leichtes gegenseitig,
deshalb ermessen sich Länge und Kürze gegenseitig,
deshalb neigen sich Hohes und Tiefes zueinander,
deshalb harmonieren Ton und Bedeutung miteinander,
deshalb folgen sich Davor und Danach wechselseitig.

Daraus folgt:
Weise Menschen bleiben bei nicht-eingreifenden Tätigkeiten und lehren ohne Worte.
Alle Dinge entfalten sich darin – ohne Kontrolle!
Die Weisen erschaffen, aber sind nicht besitzergreifend,
sie wirken, aber pochen nicht darauf,
sie vollenden Aufgaben, doch beanspruchen sie nichts davon.
Da sie nichts anhäufen, haben sie auch nichts zu verlieren.

Die beiden ersten Strophen beschreiben einige Formen, in denen der Gegensatz von Yin und Yang auftreten kann. Selbst Sein und Nicht-Sein wird hier als solch ein Gegensatz aufgefaßt.

In der dritten Strophe wird beschrieben, wie der Weise aus dem Tao heraus lebt. Man könnte auch sagen, daß der Weise von innen heraus lebt und nicht einfach nur reflexhaft auf die Ereignisse im Außen reagiert. Der Weise hält auch nichts fest und hält sich an nichts fest – er ist dem Tao treu, so wie er es in sich selber erlebt.

28. Spruch

Erkenne Deine Männlichkeit, bewahre Deine Weiblichkeit
  und Du wirst das Flußbett der Welt werden.
Wenn Du zum Flußbett der Welt wirst, wird Dich die innere Kraft nie verlassen
  und Du wirst zurückkehren, heimkehren wie ein neugeborenes Baby.

Erkenne Dein Helles, bewahre Dein Dunkles
  und Du wirst das Urbild der Welt werden.
Wenn Du zum Urbild der Welt wirst, wird die innere Kraft nie in die Irre gehen
  und Du wirst wieder in die Unendlichkeit zurückkehren.

Erkenne Deinen Ruhm, bewahre Deine Demut
  und Du wirst die Urquelle der Welt werden.
Wenn Du zur Urquelle der Welt wirst, wird die innere Kraft vollständig werden
  und zu ihrer Ursprünglichkeit zurückkehren.

Wird die Ursprünglichkeit verloren, bleibt nur Nützlichkeit,
wenn der Weise sie jedoch verwendet, dann bekleidet er hohe Ämter –
denn „meisterhaftes Schnitzwerk entsteht ohne Späne".

Erste Strophe:
  Ein Flußbett wird durch das Wasser geformt, aber es leitet seinerseits auch das Wasser. Daher sind das Wasser und das Flußbett untrennbar.
  Das Wesen und das Verhalten des Wassers wird oft als Gleichnis für das Wesen und das Verhalten des Tao genommen. Wenn man nun selber zu dem „Flußbett der Welt" wird, bedeutet das, daß man selber dadurch, das man im Tao ruht, die Welt wie ein Flußbett den Fluß lenkt – ohne das man etwas anderes tut als im Tao zu ruhen und aus ihm heraus zu handeln. Zudem ruht man im Tao wie ein Kind bei seiner Mutter – hier wird das Tao wieder der Muttergöttin verglichen.
  Diese Strophe ist keineswegs nur symbolisch, sondern auch wörtlich gemeint. Das läßt sich anhand eines Versuches zeigen, der von den Shaolin-Kriegermönchen stammt, deren Lehren und Methoden nicht nur durch Buddhismus, sondern auch durch den Taoismus geprägt worden sind.
  Für diesen Versuch braucht man drei Personen und einen Zaunpfahl o.ä., der fest in der Erde steckt.
  Person A legt seine rechte Hand oben auf den Zaunpfahl, Person B und Person C halten mit ihren Händen die Hand von Person A auf dem Zaunpfahl fest. Person A versucht nun seine Hand fortzuziehen und fortzugehen. Das wird ihr natürlich nicht

gelingen, da ihre rechte Hand von den vier Händen der beiden anderen festgehalten wird.

Nun schaut Person A von dem Zaunpfahl fort, erhebt ihre linke Hand, deren Innenflächen zu Person A weist, auf Augenhöhe und blickt in ihre Handfläche. Dann schaut sie weiter in ihre Handfläche und geht einfach fort – und die beiden anderen können sie nicht festhalten und folgen ihr.

Dadurch, daß sich Person A auf das besinnt, was sie will – nämlich fortgehen – und sich nicht um die beiden anderen Personen kümmert, ist sie im Einklang mit dem Tao und kann nicht aufgehalten werden.

Es lohnt sich diesen Versuch auszuprobieren – diese praktische Anwendung des Taos läßt die Bedeutung der Verse im Tao-Tê-King sofort sehr viel deutlicher werden.

Zweite Strophe:
Man sollte alles, was man ist, sein – und nichts davon verdrängen oder sonstwie verbiegen. Dann ist man, wer man ist, und ist im Einklang mit dem Tao. Wenn man ist, wer man ist, wird man zu einem Teil dessen, was die Welt im Innersten wirklich ist. Man wird zu einem Teil des „Urbildes der Welt", d.h. zu einem Teil des Tao und der Muttergöttin.

Dann wird man von der inneren Kraft geleitet, die aus dem Tao heraus fließt, und man lebt aus diesem unendlichen Tao heraus.

Dritte Strophe:
Das Tao ist die Quelle der Kraft, die Quelle der Welt und das Ursprüngliche. Man sollte aber auch dann, wenn man aus dem Tao heraus lebt, nicht überheblich werden, denn das würden einen von dem Tao trennen.

Vierte Strophe:
Nur das Leben aus dem Tao heraus führt zu wirklicher Lebendigkeit. Wenn man das Tao nicht hat, ist man bestenfalls noch nützlich – aber mehr auch nicht.

Man kann durchaus mitten in der Gesellschaft sein und Ämter innehaben und trotzdem im Tao ruhen.

Die letzte Zeile ist ein schönes bildhaftes Sprichwort: „meisterhaftes Schnitzwerk entsteht ohne Späne". Das bedeutet, daß keine Menschen-gemachte Statue so schön sein kann wie ein Baum, den das Tao hat wachsen lassen.

36. Spruch

Wenn Du etwas schrumpfen willst, mußt Du es zunächst einmal ausdehnen;
wenn Du etwas schwächen willst, mußt Du es zunächst einmal stärken;
wenn Du etwas ablehnen willst, mußt Du es zunächst einmal fördern;
wenn Du etwas erhalten willst, mußt Du es zunächst einmal geben.

Das Weiche und Nachgiebige überwindet das Harte und Starre.
Fisch sollte man nicht aus der Tiefe holen
und entsprechend sollte man die scharfen Waffen des Reiches nicht dem Volk zeigen.

Die erste Strophe beschreibt eine Weisheit aus dem I Ging: Wenn eine Qualität ihr Maximum erreicht hat, wird sie wieder weniger und nähert sich allmählich ihrem Minimum an. Wenn man also in einem Bereich eine bestimmte Qualität erreichen will, sollte man die Qualität, die der erwünschten Qualität entgegengesetzt ist, fördern – dann kippt das System früher oder später in sein Gegenteil um.

Wenn man etwas, das man verringern will, jedoch kleinzuhalten versucht, ruft man nur die Gegenwehr dieses Systems hervor – und es wird wachsen.

Das ist eine Variante des homöopathischen Prinzips, daß man eine Sache mit dem heilt, was sie krank gemacht hat. Wenn ein System also krank ist, weil es zu groß ist, sollte man ihm etwas geben, was es noch größer macht – dann wird es nach einer Weile aus sich selber heraus den Impuls zur Schrumpfung entwickeln.

Ein ganz einfaches Beispiel für die Anwendung dieses Prinzips: Bei Luft im Magen sollte man Sprudelwasser trinken – dann kommt die Luft im Magen zusammen mit den Sprudelgasen aus dem Magen durch Rülpsen heraus und der Magen kann sich wieder entspannen.

Die hier beschriebene Dynamik funktioniert natürlich nur bei kranken oder instabilen Systemen, nicht bei gesunden Systemen.

Die zweite Strophe enthält eines der bekannteste Prinzipien des Taoismus: Das Weiche besiegt das Harte – das Wasser formt den Stein.

Das Bild der Fische, die man nicht aus der Tiefe holen sollte, ist nicht ganz klar. Ist damit gemeint, daß man auf das warten sollte, was von selber zu einem kommt? Also den Fisch, der an der Oberfläche des Flusses oder Sees schwimmt, fangen?

Man soll die scharfen Waffen nicht dem Volk zeigen – vermutlich, weil das Zeigen von Waffen an den Krieg erinnert und dadurch das Entstehen von Krieg fördert.

42. Spruch

Das Tao erschuf das Eine,
das Eine erschuf Yin und Yang,
Yin und Yang erschufen die Dreiheit,
die Dreiheit erschuf die abertausend Geschöpfe.

Alle Geschöpfe tragen hinten Yin und umarmen vorne Yang –
die vereinten Lebenskräfte lassen so die Harmonie entstehen.

Aus dem, was den Herzen der Menschen zuwider ist
– verweist, einsam und wertlos zu sein –
formen Könige und Herzöge dennoch Ehrennamen!
So werden die Geschöpfe manchmal etwas verlieren und trotzdem etwas gewinnen,
und manchmal etwas gewinnen und trotzdem etwas verlieren.

Wie schon andere es lehrten, lehre auch ich:
„Gewalttätige, brutale Menschen werden kein natürliches Ende finden."
Ich werde dies als meinen philosophischen Ausgangspunkt nehmen ...

Die erste Strophe hat wieder einen deutlichen Bezug zu dem I Ging:

Das Tao erschafft das Eine – oft werden diese beiden jedoch als identisch angesehen. Auch im I Ging beginnt die Welt mit dem Tao.

Aus dem Tao entsteht der Urgegensatz von Yin und Yang, von Seele und Leib, von Jenseits und Diesseits.

Aus Yin und Yang werden die acht Trigramme gebildet, die aus den acht möglichen Kombinationen von Yin (- -) und Yang (–) bestehen:

☰	= Himmel
☱	= See
☲	= Feuer
☳	= Donner
☴	= Wind
☵	= Wasser
☶	= Berg
☷	= Erde

Aus der Kombination von je zwei dieser Trigramme entstehen die $8 \cdot 8 = 64$ Hexagramme des I Ging, die u.a. für die „abertausend Geschöpfe" stehen.

Die zweite Strophe beschreibt das Wesen der Religion: Hinter dem Menschen steht das Yin, d.h. die Seele, die einem Rückhalt gibt – „Religion" bedeutet „Rückverbindung". Dadurch kann man sich vorne auf das Yang, d.h. auf den Leib im Diesseits konzentrieren.

Wenn man hinten Rückhalt bei den Eltern, bei den Ahnen, bei den Göttern und im Tao hat, kann man vorne in der Welt aktiv werden und in Harmonie mit der Welt sein.

Die dritte Strophe sagt vor allem, daß alles, was man erleben kann, aus Angenehmen und Unangenehmen gemischt ist, und daß sich alles wieder verwandeln und zu seinem Gegenteil werden kann.

Das ist das Hauptthema des Buches „I Ging", dessen Namen „Buch der Wandlungen" bedeutet.

Auch die letzte Strophe ist wieder eine Beobachtung des Schicksals von Menschen. Im Abendland lautet das entsprechende Sprichwort: „Wer das Schwert nimmt, wird durch das Schwert umkommen."

43. Spruch

Das Allerweicheste in der Welt wird schnell das Allerhärteste in Welt überwinden.

Das Nichts durchdringt alle Dinge ohne jede Lücke.

Daher weiß ich, daß das nicht-eingreifende Handeln Vorteile hat;
wortloses Lehren und nicht-eingreifendes Handeln hat Vorteile –
aber nur wenige in der Welt verstehen es und wenden es an.

In der ersten Zeile findet sich wieder eine Variante des berühmten „Wasser formt Stein"-Bildes.

Das Nichts als der allgegenwärtige Hintergrund und das allgegenwärtige Fundament aller Dinge ist hier wahrscheinlich mit dem Tao identisch. Es gibt in diesen Sprüchen allgemein keine klare Unterscheidung zwischen „Muttergöttin", „Tao", „Ursprung", „Einheit", „Chaos" und „Nichts".

Auch Lao-tse selber sagt in diesen 81 Sprüchen, daß dieses „Etwas" keinen Namen hat und daß er es behelfsmäßig als „Groß", „Tao", „Muttergöttin" usw. bezeichnet, um über es sprechen zu können.

Die letzten drei Zeilen sind wieder eine Beschreibung des Handelns aus dem Tao heraus, wodurch sich die Dinge auf natürliche Weise entfalten können und daher auch gedeihen.

E   Wandel

23. Spruch

Die Natur braucht wenig Worte,
denn ein Wirbelwind dauert nicht den ganzen Morgen
und ein plötzlicher Schauer dauert nicht den ganzen Tag.

Wer erschafft diese Dinge? Himmel und Erde.
Wenn selbst Himmel und Erde nicht in der Lage sind, beständig zu sein,
um wieviel weniger können denn dann Menschen beständig sein?

Daher:
Verfolgen Menschen Angelegenheiten mit dem Tao,
  so werden diese Menschen, die das Tao haben,
    eins mit dem Tao sein;
  so werden diese Menschen, die die Innere Kraft haben,
    eins mit der Inneren Kraft sein,
  so werden diese Menschen, die loslassen können,
    eins mit dem Loslassen sein.

Wenn Du eins mit dem Tao bist,
  wird das Tao Dir auch Freude bringen;
wenn Du eins mit der inneren Kraft bist,
  wird Dir die inneren Kraft auch Freude bringen;
wenn Du eins mit dem Loslassen bist,
  wird Dir das Loslassen auch Freude bringen!

   Erste Strophe: Alles ist Wandel – meistens sogar rascher Wandel.
   Zweite Strophe: Der Wandel entsteht durch die Gegensätze Himmel und Erde (das Wetter), die sich auch selber ständig gegenseitig verwandeln.
   Dritte Strophe: Obwohl der äußere Wandel unvermeidbar ist, kann man im Inneren im Tao Halt und Kraft finden – wenn man die Dinge losläßt und sie fließen läßt.
   Vierte Strophe: Loslassen ist der Weg zum Tao – das Tao ist die Quelle der inneren Kraft – und alle drei lassen Freude entstehen.

   Diese Freude ist ein sehr wichtiges Element, denn wer wollte nicht in Freude leben? Freude entsteht, wenn man sich mit etwas verbindet. Dies kann entweder innerlich durch eine Heilung oder eine Erkenntnis geschehen oder äußerlich durch eine Begegnung oder ein Erlebnis.

Diese Freude kann durch ganz einfache Dinge geschehen. Die taoistischen Weisen werden in China oft als alter Mann auf einem Felsen am Fluß oder in ähnlich kontemplativen Situationen dargestellt. Es liegt daher nahe, sich auch einmal selber an einen Fluß zu setzen oder auch einfach nur auf eine Parkbank und dann still zu werden.

Mit „still werden" ist das Loslassen der Gedanken und des inneren Drängens nach irgendwelchen Dingen gemeint. Dadurch kann man ganz dort ankommen, wo man gerade ist – und erst dann kann man auch wirklich erleben, was gerade ist. Diese Haltung wird oft durch den Satz „Sei jetzt hier." beschrieben.

Wenn man auf diese Weise dort ankommt, wo man gerade ist, beginnt man das, was gerade da ist, viel intensiver zu erleben: Die Vögel zwitschern intensiver, das Blau des Himmels wird viel tiefer und der Grashalm beginnt zu leuchten – man beginnt die Lebenskraft in allem zu spüren und schließlich evtl. auch als milchigweißes Leuchten zu sehen.

Diese Lebenskraft, die man eben als Lebendigkeit in allen Dingen erlebt, ist keine Kraft oder Substanz, sondern einfach der Übergang zwischen der Materie und dem Bewußtsein. Man kann das Tao auch als das Bewußtsein in allen Dingen auffassen, als die Einheit des Bewußtseins der Welt. Die ersten Erlebnisse dieses allumfassenden Bewußtseins bestehen meistens aus dem Erleben dieses Leuchtens und dieser Schönheit eines Grashalms, von der man ganz ergriffen werden kann, sowie von telepathischen Erlebnissen. Auch der schon beschriebene Shaolin-Versuch, bei dem man die vier Hände, die die eigene Hand festhalten, ignoriert und einfach mühelos fortgeht, gehört zu diesen ersten Erlebnissen des Tao, das in allem ist.

Wenn man dieses leuchtende Tao findet, beginnt man zu lächeln – wie Buddha und wie die altägyptischen Statuen … dieses „Honigkuchenpferd-Grinsen", diese grundlose Freude …

Um das zu verstehen, muß man es erlebt haben – man kann diese Freude nicht erklären. Man kann nur beschreiben, wie man zu dieser Freude gelangen kann.

Der indische Yogi Maitripa, der vor ca. 1000 Jahren gelebt hat, hat diese Haltung als „sich ins Hier und Jetzt hinein entspannen" umschrieben.

45. Spruch

Große Vollendung scheint ungenügend,
  aber ihre Brauchbarkeit ist nicht gemindert.
Große Fülle scheint leer zu sein,
  aber ihre Brauchbarkeit ist unerschöpflich.

Große Geradlinigkeit scheint krumm zu sein,
große Geschicklichkeit scheint unbeholfen zu sein,
große Beredsamkeit scheint stammelnd zu sein.

Bewegung besiegt die Kälte,
Ruhe besiegt die Hitze.
Reinheit und Ruhe gelten als Richtmaß für alle Dinge.

Mit der „großen Vollendung" und der „großen Fülle" ist das Tao gemeint. Man erkennt die Vollendung eines Taoisten nicht sofort, weil er so unscheinbar ist, und auch die Fülle, die er in seinem Leben hat, ist auf den ersten Blick nicht sichtbar. Dies liegt daran, daß beides – die Vollendung und die Fülle – zunächst einmal ein innerer Zustand sind.

Für die „große Geradlinigkeit", die „große Geschicklichkeit" und die „große Beredsamkeit" gilt dasselbe: Wenn man nicht selber im Tao ruht, erkennt man nicht gleich die Quelle, aus der heraus der Taoist handelt, weshalb einem dessen Handlungen manchmal ziemlich seltsam vorkommen – doch der Taoist wird von innen her geleitet und tut intuitiv das, was ihn zum Ziel führt.

Daß Bewegung gut gegen Kälte ist, ist eine Alltagserfahrung. Dasselbe gilt dafür, daß Ruhen abkühlen läßt. Vermutlich ist das ein Rat, in jeder Situation durch das jeweils Richtige, also durch Bewegung oder Ruhen wieder in die eigene Mitte zu gelangen.

Generell werden hier die Reinheit (vermutlich im Sinne von Aufrichtigkeit) und die Ruhe (vermutlich im Sinne von Gelassenheit) als das sinnvolle Verhalten beschrieben – sinnvoll, weil man dadurch den Kontakt zum Tao bewahrt.

Diese Ruhe ist auch die innere Stille in der Meditation. Wenn man aufhört, etwas zu denken, etwas zu fühlen und etwas wahrzunehmen, also innerlich wirklich still wird, ist dies keineswegs ein langweiliger Zustand. Zunächst braucht man Konzentration, um diesen Zustand zu erreichen, doch dann stabilisiert er sich und man kann in ihm ruhen. Schließlich beginnt man zu „leuchten" und man wird von einem namenlosen und grundlosen Glück erfüllt – von einer Liebe, die einfach da ist und sich auf nichts bezieht. Das ist die Fülle des Tao.

66. Spruch

Wie können die Flüsse und Seen als die Herren von Hunderten von Tälern wirken?
Weil sie sich vortrefflich in ihre Tiefe begeben, können sie als deren Herren wirken.

Daher muß man sich, wenn man über anderen sein will,
wünschen, unter ihnen zu sein;
daher muß man sich, wenn man vor anderen sein will,
wünschen, hinter anderen zu sein.

Daher bleiben die Weisen oben, aber belasten nicht das Volk,
daher bleiben sie vorne, aber verletzen nicht das Volk,
daher trägt das Volk sie voller Freude, ohne zu ermüden.
Weil sie nicht wettstreiten, kann in der Welt niemand mit ihnen wettstreiten.

Das Wasser fließt nach unten und füllt daher die Täler und wird zu Flüssen und Seen. Diese Tiefe ist ein Loslassen, ein Geschehenlassen – und in keiner Weise ein Zwingen.

Diese Haltung wird auch den Herrschern empfohlen. Nur die Bescheidenheit und der Verzicht auf Zwang führt dazu, daß man eine natürliche Autorität erlangt – die Ausstrahlung des Tao nach außen hin, in dem man innerlich ruht.

76. Spruch

Menschen werden weich und schwach geboren und sie sterben hart und starr.
Das Aufwachsen der abertausend Geschöpfe,
des Grases und der Bäume ist weich und schwach
und ihr Tod ist trocken und verdorrt.
Daher sind Starre und Stärke die Begleiter des Todes
und Weichheit und Schwäche die Begleiter des Lebens.

Daher wird man mit Waffen, die zu starr sind, auch nicht siegen,
daher wird man Bäume, wenn sie zu stark sind, fällen.
Die Starken und Großen bleiben unten,
die Weichen und Schwachen bleiben oben.

Diesen Spruch braucht man eigentlich kaum noch zu kommentieren, da er sehr klar und direkt formuliert ist.

In der chinesischen Sprache ist „unten" das, was unterlegen ist, was sich auflöst – das was oben ist, ist das, was aufgestiegen ist, was groß geworden ist.

Dieser Spruch ist eine der vielen Varianten von „das Weiche besiegt das Harte". Damit ist u.a. gemeint, daß harte Prinzipien verletzen und wenig Erfolg haben, während die elastische und geschmeidige Bewegung, die sich aus dem Ruhen im Tao und dem Handeln aus ihm heraus ergibt, Erfolg hat.

Das Handeln aus dem Tao heraus ist geschmeidig und elegant und effektiv wie der Sprung einer Katze.

78. Spruch

In der Welt ist nichts weicher und nachgiebiger als Wasser,
und doch ist ihm nichts überlegen, wenn es das Harte und Starke angreift,
denn diese haben nichts,
um das, was ihnen durch das Wasser fortgenommen wird, wieder zu ersetzen.

Das Schwache besiegt das Starke,
das Weiche besiegt das Harte.
Es gibt niemanden in der Welt, der das nicht weiß,
doch niemand handelt danach.

Daher sagen die Weisen:
„Der, der des Reiches Schande trägt,
soll der Herr des Schreins und des Ackers genannt werden;
der, der des Reiches Unglück trägt,
soll als der Meister der ganzen Welt wirken."

    Die beiden ersten Strophen enthalten wieder das zentrale taoistische Bild des Wassers, das den Stein formt.

    Die Weisheit in der dritten Strophe bedeutet, daß der, der dem Reich dient, auch der sein sollte, der das Reich lenkt. Dieser Gedanke ist weit verbreitet – auch das deutsche Wort „Minister" bedeutet „Diener": Nur wer dem Staat dient, sollte ein Staatsdiener, d.h. ein Minister werden – und niemand sonst.

F   Das Wu-Wei

3. Spruch

Wenn die Leute nicht die Tüchtigen verherrlichen,
  werden sie auch nicht miteinander konkurrieren.
Wenn die Leute nicht schwer zu erlangende Güter preisen,
  werden sie auch nicht stehlen.
Wenn die Leute nicht ansehen, was begehrenswert ist,
  wird auch ihr Herz nicht verwirrt werden.

Daraus folgt:
Weise Menschen herrschen,
indem sie ihre Begierden leeren,
ihre Bedürfnisse erfüllen,
ihren Ehrgeiz dämpfen,
ihre Knochen stärken.

Wegen diesen weisen Herrschern werden die Leute beständig wunschlos sein
  ohne das sie es bemerken.
Wegen diesen weisen Herrschern werden die wissenden Leute es nicht wagen
  sich einzumischen.

Handle ohne einzugreifen – dann wird nichts unerledigt bleiben.

Die erste Strophe beschreibt das Entstehen von übertriebenen und letztlich auch nutzlosen Bedürfnissen – eine auch auf die heutige Zeit passende Konsumkritik, die bereits vor 2600 Jahren formuliert worden ist.

Die zweite Strophe sagt, daß gegen übertriebene Begierden, also gegen Sucht, die Besinnung auf das rechte Maß, also auf die Bedürfnisse hilft – eine Rückkehr zur natürlichen Fülle des Tao. Dies wird dadurch unterstützt, daß man auch seinen Größenwahn, also seinen Ehrgeiz, mäßigt – eine Rückkehr zur natürlichen Selbstliebe, die durch das Tao bewirkt wird. Das „Stärken der Knochen" fördert die natürliche Kraft, die aus dem Tao heraus entsteht – hier ist vermutlich das allgemeine Stärken der Gesundheit gemeint.

In dieser Strophe wird ein Teil der Grundstruktur jeder psychischen Heilung beschrieben:

- Das Zuwenig der Askese des Verzichtenden und das Zuviel der Gier des Süchtigen werden wieder zum Leben in der Fülle des Tao;

   - das Zuwenig der Ohnmacht des Opfers und das Zuviel der Macht des Täters werden wieder zu dem Leben in der Kraft des Tao;

   - das Zuwenig des Minderwertigkeitskomplexes des Fans und das Zuviel des Größenwahns des Stars werden wieder zum Leben in der Selbstliebe des Tao.

In der dritten Strophe wird schließlich gesagt, daß nur diejenigen, die in der Fülle, in der Kraft und in der Selbstliebe des Tao ruhen und aus ihnen heraus handeln, gute Herrscher sind. Sie werden das Volk prägen, das dann auch kein Zuwenig und Zuviel mehr kennt, sondern im richtigen Maß lebt. Und der Weise wird sich hüten, diese Harmonie zu stören …

Der letzte Satz faßt dies alles noch einmal zusammen: Der Herrscher soll nicht durch Druck lenken, sondern durch sein Vorbild. Dann kann er alles lenken, ohne mit Befehl und Zwang eingreifen zu müssen.

9. Spruch

Festhalten und Überspannen ist nicht so gut wie Loslassen;
eine Waffe polieren und zugleich schärfen wird ihr schaden.

Mit Gold und Jade gefüllte Hallen kann niemand bewachen;
wenn man reich und geehrt, aber auch hochmütig ist,
liefert man sich selber automatisch seinem Unglück aus!

Ziehe Dich zurück, wenn Dein Werk vollendet ist – das ist der Weg des Himmels.

Auch hier geht es wieder darum, daß das Ausüben von Druck zu Extremen führt, daß hingegen das Loslassen die mühelose Rückkehr zur Mitte ermöglicht.

Das Schärfen und Polieren wird hier anscheinend als Gegensatz gesehen – das Schärfen macht die Schneide der Klinge rauh, das Polieren macht sie glatt.

Man sollte keine Schätze anhäufen, da diese nur Sorgen bescheren. Wenn man dazu noch überheblich ist, wird das Unglück bald kommen. Hier wird ein Mensch beschrieben, der in Gier statt in Fülle lebt und der in Größenwahn statt in Selbstliebe verharrt. Das wird nicht gut gehen, da dies eine harte Haltung ist – und das Wasser wird kommen und diese Härte auflösen …

Der letzte Satz besagt im Grunde nur, daß man nicht mit dem, was man getan hat, prahlen sollte.

12. Spruch

Die fünf Farben lassen des Menschen Auge erblinden,
die fünf Töne lassen des Menschen Ohr taub werden,
die fünf Geschmäcker lassen des Menschen Geschmack abstumpfen.

Rennen, Hasten, Treiben und Jagen lassen das menschliche Herz verrückt werden;
schwer zu erlangende Güter können die menschliche Entfaltung behindern.

Daraus folgt:
Weise Menschen kümmern sich um ihre Bedürfnisse,
aber sie kümmern sich nicht um ihre Begierden,
daher lehnen sie dieses ab und wählen jenes.

Hier wird noch einmal mit anderen Worten dazu geraten, nicht die Gier das eigene Handeln lenken zu lassen. Es ist besser, in allem das natürliche Maß („Bedürfnisse") einzuhalten und dadurch in innerem Frieden zu bleiben.

In diesen Versen wird genau die Weisheit der 14. Tarotkarte mit dem Namen „rechtes Maß" beschrieben.

13. Spruch

Gunst und Ungunst sind beide wie ein großes Erschrecken,
Ehre ist eine große Sorge so wie unser Selbst.

Was ist mit „Gunst und Ungunst sind beide wie ein großes Erschrecken." gemeint?
Gunst ist etwas Erniedrigendes:
Sie zu erlangen ist schrecklich und auch sie zu verlieren ist schrecklich –
das ist mit „Gunst und Ungunst sind beide wie ein großes Erschrecken." gemeint.

Was ist mit „Ehre ist eine große Sorge so wie unser Selbst." gemeint?
Ich habe durch mein Selbst große Sorgen,
da ich durch mein Selbst in meinem Handeln selbstbezogen bin;
wenn ich Selbstlosigkeit hätte – welche Sorgen hätte ich dann noch?

Dieser Text ist der Lehre des gleichzeitig mit Lao-tse lebenden Buddha sehr ähnlich.

Man sollte sich von dem Urteil der Menschen unabhängig machen und sich weder allzusehr um deren Lob noch um deren Tadel kümmern, sondern sich selber treu bleiben.

Zudem sollte man sich selber nicht als unvergänglich oder als Mittelpunkt der Welt ansehen. Wenn man mit dem Leben fließen kann, braucht man sich keine Gedanken darüber zu machen, wer man ist.

Hier kann man natürlich einwenden, daß das Selbst des Menschen zwar mit der Zeugung beginnt und mit dem Tod endet, aber daß dieses Selbst während dieser Zeitspanne trotzdem einen bestimmten Charakter hat, der u.a. durch das Horoskop beschrieben wird. Der Charakter des Menschen hat also eine „relative Beständigkeit", während das Tao eine „absolute Beständigkeit" hat.

Zudem ruht das Selbst des Menschen zwar in sich selber, d.h. in der eigenen Seele, aber das letztliche Fundament ist dennoch das Tao, da dies das Fundament, die Innenseite der ganzen Welt ist. Daher wird es auch das Wohlergehen des Selbst fördern, wenn man vor allem darauf achtet, im Tao zu ruhen und aus ihm heraus zu handeln.

15. Spruch

Die vortrefflich wirkenden Meister der alten Zeiten
waren im Verborgenen eins mit den unsichtbaren Kräften.
Doch gerade weil sie unmöglich zu verstehen sind, muß ich Bilder benutzen:

Ach, behutsam wie beim Überqueren eines Flusses im Winter;
vorsichtig, als fürchte man die Nachbarn in allen vier Richtungen;
zurückhaltend wie Gäste;
nachgiebig wie Eis, das zu schmelzen beginnt;
ursprünglich wie unverarbeitetes Holz;
tief wie ein Tal;
undurchschaubar wie ein trübes Gewässer.

Wie kann man wie sie das Trübe durch Stille allmählich klären?
Wie kann man wie sie den Frieden durch Behutsamkeit erschaffen?
Halte Dich an dieses Tao und begehre nicht die Überfülle:
denn nur nicht-überfüllt kannst Du Dich verbergen
und brauchst nichts Neues zu vollenden.

Ein Meister ist jemand, der mit den unsichtbaren Kräften, d.h. mit der Lebenskraft und daher auch mit dem Tao eins ist. Das ist etwas, das man nicht direkt erklären kann, sondern etwas, auf das man nur durch Gleichnisse hinweisen kann.

Die benötigten Qualitäten sind Behutsamkeit, Vorsicht, Zurückhaltung und Nachgiebigkeit, durch die sich dann Ursprünglichkeit und Tiefe bilden, die für die anderen dann zunächst einmal als Undurchschaubarkeit erscheinen. Hier wird ein Weg beschrieben, der aus vier Ansatzpunkten besteht (Behutsamkeit, Vorsicht, Zurückhaltung, Nachgiebigkeit), die zwei Eigenschaften entstehen lassen (Ursprünglichkeit, Tiefe), die dann wiederum einen bestimmten Eindruck (Undurchschaubarkeit) auf die anderen Menschen machen.

Dieses Vorgehen klärt das Trübe und erschafft Frieden.

Schließlich folgt noch einmal der Hinweis auf die Gefahr durch die Gier, die einen von der Fülle, die aus dem Tao entspringt, abtrennt.

16. Spruch

Erreiche grenzenlose Leere, bewahre die Stille im Inneren.

Abertausend Lebewesen entstehen Seite an Seite –
ich jedoch schaue, wie sie heimkehren.
Die dem Himmel entstammenden Geschöpfe: zahlreich, so zahlreich –
doch werden sie alle zu ihren Wurzeln zurückkehren.

Heimkehr zu den Wurzeln bedeutet Gelassenheit –
dies nennt man die Rückkehr zu der eigenen Bestimmung;
die Rückkehr zur eigenen Bestimmung bedeutet Beständigkeit;
die Erfahrung des Beständigen bedeutet Erleuchtung.

Die Nicht-Erfahrung des Beständigen erzeugt achtlos Unheil.

Die Erfahrung des Beständigen ist Toleranz,
Toleranz führt zu Unparteilichkeit,
Unparteilichkeit führt zu königlicher Größe,
königliche Größe führt zu der Qualität des Himmels,
die Qualität des Himmels führt zum Tao.

Das Tao führt zum Unvergänglichen:
selbst der Verlust des eigenen Körpers ist im Tao keine Bedrohung mehr.

Erste Strophe: Dieser Satz könnte auch eine buddhistische Meditations-Anleitung sein oder aus dem Zen stammen. Durch die innere Stille gelangt man zum Wesentlichen – zum Tao.

Zweite Strophe: Alle Lebewesen sind Erscheinungen, die aus dem Tao heraus entstehen und sich wieder in das Tao hinein auflösen werden. Auch das entspricht der buddhistischen Sicht auf Samsara (Vielheit) und Nirvana (Nichts, Einheit).

Dritte Strophe: Das Innehalten und das Gewahrwerden von dem, was ist, ist das Wesen der Meditation. Diese Haltung führt letztlich zur Erleuchtung.

Vierte Strophe: Ohne das Tao entsteht Leid – das gleicht wieder dem Buddhismus.

Fünfte Strophe: Diese Strophe beschreibt den Zusammenhang zwischen den Auswirkungen des Tao.

Sechste Strophe: Wenn man im Tao ruht, erkennt man, daß alles aus dem Tao heraus existiert. Dann fürchtet man sogar den Tod nicht mehr, weil auch er einen nicht vom Tao trennen kann.

24. Spruch

Auf den Zehenspitzen stehen bewirkt keinen festen Halt,
das Spreizen der Beine bewirkt kein schnelles Gehen;
Selbstbezogenheit bewirkt keine Erleuchtung,
Selbstgerechtigkeit bewirkt keine Klarheit,
Selbstlob bewirkt keinen Verdienst,
Selbstbewunderung bewirkt kein Wachstum.

In Bezug auf das Tao ist ein solches Verhalten wirklich maßloses Handeln
und aufgeblähtes Handeln!
Viele Geschöpfe verabscheuen das, deshalb sollten sich die, die dem Tao folgen,
auf keinen Fall damit aufhalten.

Man braucht die richtige Haltung, damit es einem gut geht. Alle Haltungen, die das eigene Selbst in Größenwahn aufblähen, trennen den Betreffenden von dem Tao und machen sein Handeln uneffektiv.

Wenn man das Selbst das sein läßt, was es ist und es nicht vergrößert, verkleinert oder sonstwie deformiert, ist es ein kein Hindernis mehr, sondern ein Teil des Tao – und man bleibt in bewußtem Kontakt mit dem Tao in einem Leben aus dem Tao heraus.

26. Spruch

Das Schwere ist die Wurzel des Leichten,
die Stille herrscht über die Hast.

Deshalb werden die weisen Menschen den ganzen Tag reisen
ohne sich von ihrem schwerem Gepäck zu trennen.
Obwohl sie glänzende Aussichten haben, bleiben sie gelassen
und gehen dann darüber hinweg.

Wie sollten sich daher die, die über abertausend von Streitwagen herrschen,
sich nicht darum bemühen, in sich selbst verankert zu bleiben
und die Welt nicht leicht zu nehmen?
Wenn Du leichtsinnig bist, verlierst Du den Boden,
und wenn Du hastig bist, verlierst Du die Beherrschung.

Diese Zeilen sind ein Loblied auf die Gelassenheit und die innere Ruhe. Sie sind insbesondere auch für die Herrscher und die Erfolgreichen notwendig, damit sie nicht den Kontakt zum Tao und somit die Wurzel ihres Erfolges verlieren.

29. Spruch

Wächst in Dir der Wunsch, etwas in der Welt zu bewirken und strebst Du danach?
Ich sehe, daß dies letztlich nicht gelingen wird.

Die Welt ist ein spirituelles Gefäß – es ist wirklich unmöglich, sich einzumischen!
In etwas einzugreifen bedeutet, es zu zerstören,
nach etwas zu greifen bedeutet es zu verlieren.

Darum ist es so mit den Wesen:
einige gehen vor, andere folgen nach,
einige sind warmherzig, andere kaltherzig,
einige sind energisch, andere erschöpft,
einige steigen auf, andere stürzen ab.

Daher vermeiden die Weisen die Extreme,
vermeiden sie das Außergewöhnliche,
meiden sie Übertreibungen.

Ein Extrem hat keine Beständigkeit und wird zusammenbrechen. Daher ist es sinnvoll, sich in allen Dingen an das rechte Maß zu halten und nichts zu übertreiben. Das bedeuteten nicht graue Langeweile, sondern das bewußte Erleben des Tao und daher auch das Erleben der Fülle, der Kraft und der Selbstliebe des Tao.

30. Spruch

Wenn die Führer des Volkes vom Tao beraten sind,
werden sie keine Waffen benutzen, um die Welt anzugreifen,
denn solche Taten führen gewöhnlich zu Gegenschlägen.

Dort, wo Truppen gelagert haben,
wachsen nur noch Dornensträucher und Brombeer-Ranken.
Nach großen Kriegen gibt es mit Sicherheit schlechte Erntejahre.
Die Geschickten vollbringen und hören dann auf
und wagen es nicht, etwas mit Gewalt zu nehmen.

Sie vollbringen – aber ohne zu prahlen,
sie vollbringen – aber ohne sich selbst zu rühmen,
sie vollbringen – aber ohne hochmütig zu sein,
sie vollbringen – aber ohne stolz zu sein,
sie vollbringen – doch ohne gewaltsam zu sein.

Wenn Geschöpfe zu schnell und zu stark wachsen, altern sie,
was man dann „nicht im Tao sein" nennt –
und „nicht im Tao sein" bedeutet vorzeitiger Tod.

Gewalt bringt nur vermeintlichen Erfolg. Zurückhaltung läßt hingegen die Dinge gedeihen. Das rechte Maß in allem führt zum Ziel.

Daher sollte man die Extreme von Sucht/Macht/Größenwahn und Askese/Ohnmacht/Minderwertigkeitskomplexen meiden und sich in Fülle/Kraft/Selbstliebe, also im Tao verankern.

Das fördert die Lebensdauer und ist auch für die Herrscher wichtig, da diese das Leben des Volkes prägen.

31. Spruch

Selbst die prachtvollsten Waffen sind Werkzuge des Unheils,
daher beargwöhnen und verabscheuen die Geschöpfe sie,
daher benutzten Menschen, die dem Tao folgen, sie nicht.

Wenn weise Herrscher zuhause sind, bevorzugen sie die Linke,
wenn sie Waffen benutzen, bevorzugen sie die Rechte.
Waffen sind Instrumente, die Unheil verkünden,
sie sind nicht die Instrumentes der weisen Herrscher.
Falls es unvermeidlich ist und man sie benutzt,
bewirken Ruhe und Gleichmut das beste Ergebnis.
Der weise Herrscher siegt, doch er freut sich nicht darüber,
denn Freude darüber wäre Gefallen finden am Töten von Menschen.
Wahrlich, wenn Du Freude am Töten von Menschen hast,
kannst Du Deine Ziele in der Welt wirklich nicht erreichen.

Bei glücklichen Anlässen bevorzugt man die Linke,
bei traurigen Anlässen bevorzugt man die Rechte.
der rangniedere Offizier steht zur Linken,
der ranghöhere Offizier steht zur Rechten.
Dies bedeutet, daß man es wie bei einer Trauerfeier behandeln sollte.

Wenn ihr viele Menschen getötet habt, dann weint in Kummer und Sorgen um sie;
wenn ihr siegreich in der Schlacht wart,
dann sollt ihr entsprechend der Begräbniszeremonie damit umgehen!

„Wer das Schwert nimmt, wird durch das Schwert umkommen."

In der Meditation legt man oft in seinem Schoß die rechte Hand, die die Stärke symbolisiert, in die linke Hand, die die Weisheit symbolisiert, damit die Weisheit die Stärke lenkt.

Durch Gewalt gelangt man nicht zum Tao – Gewalt versperrt den Weg dorthin.

Wenn der Kampf unvermeidbar ist, wird der gewinnen, der im Kampf gelassen bleibt. Und es wird der gelassen bleiben, der den Tod nicht fürchtet. Und der wird den Tod nicht fürchten, der im Tao ruht und aus dem Tao heraus handelt. Das ist das Geheimnis der fernöstlichen Kampfkünste und auch der abendländischen Ritterkunst im Mittelalter.

37. Spruch

Das Tao ist für immer ohne eingreifendes Handeln,
doch bleibt nichts ungetan.

Wenn sich Fürsten und Könige an das Tao halten können,
  werden sich in Zukunft alle Geschöpfe auf natürliche Weise entwickeln;
wenn sie sich entwickeln und doch eingreifen wollten,
  würde ich sie davon durch die Schlichtheit des Namenlosen abhalten.
Die Schlichtheit des Namenlosen
  würde sie fortan wirklich wieder ohne Begehren sein lassen.
Die ganze Welt wird in Zukunft ohne Begehren und daher in Harmonie
  und folglich auch selbstbestimmt sein.

Das Ruhen im Tao ermöglicht die natürliche Entfaltung und das natürliche Wachstum.

Der prägende und zwingende Gestaltungswillen der Menschen trennt sie vom Tao, verschließt ihre Augen, Ohren und Herzen vor den Impulsen, die aus dem Tao kommen.

38. Spruch

Die höchste innere Kraft scheint mühelos wie ohne innere Kraft zu sein
*   und erhält gerade dadurch ihre innere Kraft;*
die geringere innere Kraft läßt angestrengt ihre innere Kraft nicht los
*   und ist daher ohne innere Kraft.*
Die höchste innere Kraft ist nichteingreifendes Handeln und Tun ohne Absicht.
Geringere innere Kraft ist nichteingreifendes Handeln, aber Tun mit Absicht.
Höchste Menschlichkeit ist Handeln jedoch ohne absichtliches Tun;
höchste Gerechtigkeit ist Handeln, jedoch mit absichtlichen Tun.
Höchste Moral ist Handeln – aber wenn niemand reagiert,
werden die Arme erhoben und sie wird erzwungen.

Daher:
Wenn Du das Tao verlierst, folgt die innere Kraft;
wenn Du die innere Kraft verlierst, folgt die Menschlichkeit;
wenn Du die Menschlichkeit verlierst, folgt Gerechtigkeit;
wenn Du die Gerechtigkeit verlierst, folgt die Sittenstrenge.
Wahrlich, strenge Sitten lassen Treue und Ernsthaftigkeit verblassen.

Wahrsagungen sind die Zierde des Tao, aber auch der Beginn der Dummheit.

Daher verweilen große und angesehene Meister in den Tiefen des Tao
und verharren nicht an seiner Oberfläche;
sie verweilen in seinen Früchten und verharren nicht in seinen Blüten.
Daher vermeiden sie das eine und wählen das andere.

Das intuitive Handeln aus dem Augenblick heraus ist dem Tao verbunden und hat daher große Kraft – das gezielte Handeln aus einer Planung heraus ignoriert das Tao und hat daher geringe Kraft.

Die große Kraft, die aus dem Leben aus dem Tao entsteht, verfällt schrittweise, wenn man nicht mehr dem Fluß des Tao folgt.

Omen und Orakel ergeben sich aus daraus, daß alle Ereignisse in der Welt durch das Tao miteinander in einem gemeinsamen Rhythmus verflochten sind. Daher sind sie die Zierde des Tao. Aber es wäre närrisch, sich auf die Omen und Orakel anstatt auf das Tao zu konzentrieren – denn warum sollte man nicht die Wirklichkeit des Tao direkt wahrnehmen und den Umweg über Omen und Orakel wählen? Ein Weiser bleibt stets in der Fülle des Tao – in seinen „Früchten".

48. Spruch

Fleiß im Lernen ist tägliche Anhäufung,
Fleiß im Tao ist tägliches Loslassen.
Loslassen und wieder loslassen:
auf diese Weise gelangt man zum nicht-eingreifenden Handeln;
nicht-eingreifendes Handeln – doch nichts bleibt ungetan.

Erlange die Welt stets durch nicht-Geschäftigkeit;
zu versuchen, sie durch Geschäftigkeit zu erlangen, reicht nicht aus,
um sie zu erlangen.

Das „nicht eingreifende Handeln" und die „nicht-Geschäftigkeit" sind Umschreibungen für das chinesische „Wu-Wei", das oft auch als „Nicht-Tun" übersetzt wird. Dies ist die Essenz des sinnvollen Verhaltens, das auch vom Buddhismus empfohlen wird.

Alle Dinge haben eine innere Dynamik, durch die sie gedeihen – dies ist ihr persönlicher Anteil am Tao. Diese innere Dynamik kann man nur wahrnehmen, wenn man aufhört, die Dinge zwingen zu wollen. Loslassen und Intuition sind förderlicher als Festhalten und Planen.

Dinge durch Nicht-Tun zu tun ist die Handlungsanweisung des Taoismus. Das bedeutet nun keineswegs, einfach faul zu sein und die Dinge laufen zu lassen, sondern sich mit dem Tao zu verbinden und in dem natürlichen Fluß der Dinge mitzufließen, der durchaus im Widerspruch zu dem stehen kann, was die Allgemeinheit tut. Ein Taoist ist keineswegs rückgratlos, sondern hat im Gegenteil ein starkes Rückgrat – er ist aufrichtig und wird nicht von der öffentlichen Meinung über ihn oder vom Sturm des Lebens umgeworfen.

Um diese Haltung („Wu-Wei") und ihre Wirkung („Tê") besser verstehen zu können, ist eine kleine Meditation hilfreich.

Stellen Sie sich vor, vor 2000 Jahren am Ufer des Sees Genezareth zu sein. Dort fand gerade die „Speisung der 5000" statt: All diese Menschen hatten nur fünf Brote und zwei Fische. Doch alle wurden davon satt und anschließend war mehr übrig als nur fünf Brote und zwei Fische. Nach diesem Wunder ging Christus auf einen Berg, um dort zu meditieren und sich mit Gott zu verbinden. Die Jünger hatte er schon vorgeschickt, daß sie mit dem Boot über den See Genezareth an das gegenüberliegende Ufer fuhren.

Christus kommt schließlich von dem Berg herab und geht zu dem Ufer des Sees. Stellen Sie sich vor, neben ihm herzugehen. Christus geht immer weiter auf den Strand des See Genezareth zu und läuft dann einfach über das Wasser weiter auf das Boot mit den Aposteln zu. Gehen sie neben Christus her und spüren Sie, in welcher inneren Verfassung Christus dabei ist. Fragen Sie ihn, ob Sie mit Ihrem Bewußtsein in sein Bewußtsein hinüberwechseln dürfen, um den Bewußtseinszustand von Christus bei seinem Gehen über das Wasser noch klarer und intensiver wahrnehmen zu können. Nehmen Sie diesen Zustand ganz in sich auf.

Versetzen Sie sich ab und zu einmal, bevor Sie etwas tun, in diesen Bewußtseinszustand und schauen Sie, wie sich das, was Sie dann in diesem Zustand tun, entwickelt.

Man kann für diesen Versuch auch jedes andere Wunder nehmen, daß ein Religionsgründer, Prophet, Rabbi, Sufi, Yogi, Magier, Schamane, Priester, Heiler usw. vollbracht hat. Leider sind weder biographische Einzelheiten noch irgendein Wunder von Lao-tse bekannt – sonst wäre es naheliegend, dieses Ereignis als Grundlage für diesen Versuch zu benutzen.

Es ist eigentlich erstaunlich, daß das hier betrachtete Buch „Tao-Tê-King" heißt, aber in ihm zwar viel über das Tao und über das Wu-Wei gesagt wird, aber das Tê nicht erwähnt wird. Ist dieser Buchtitel erst später dem Buch hinzugefügt worden?

Offensichtlich ist die Magie (das ist die beste Übersetzung für „Tê") zwar als Auswirkung des Handelns aus dem Tao heraus, zu dem man durch das Wu-Wei gelangt, gut bekannt gewesen, aber ursprünglich nicht als zentraler Punkt aufgefaßt worden. Das Tao-Tê-King beschränkt sich auf die Beschreibung des Weges zu dem Tao mithilfe des Wu-Wei – vielleicht ist das Tê als selbstverständlich aufgefaßt worden oder ganz einfach nicht als von der Kraft und der inneren Ruhe unterschieden worden, die das Ergebnis des Wu-Wei sind.

Die Darstellung des Weges zum Tao ist natürlich das Wichtigste, weshalb die Beschreibung des Wu-Wei im Tao-Tê-King auch sehr deutlich im Vordergrund steht – aber es ist trotzdem auffällig, daß das Tê selber nicht erwähnt wird.

Das Tê ist ursprünglich die magische Kraft gewesen, die die Schamanen besessen haben bzw. lenken konnten, also das „Chi", die Lebenskraft.

Das Schriftzeichen für „Tê" (德) setzt sich aus den beiden Bestandteilen „Wegkreuzung" (彳) und „gerader Weg" (直) zusammen und bezieht sich daher darauf, auch bei vielen Möglichkeiten dem eigenen, „geraden" Weg treu zu bleiben. Ein Teil des Zeichens für „gerader Weg" ist die Darstellung der Augen (目) – man sieht also, was man tut, d.h. man tut es bewußt. Schließlich enthält das Schriftzeichen für „Tê" rechts unten auch noch das Symbol für „Herz" (心), was darauf hinweist, daß man etwas aus dem Herzen heraus tut.

„Tê" bedeutet also, daß man aus seinem Herzen heraus mit Übersicht (Augen) handelt und an Wegkreuzungen den richtigen Weg einschlägt.

Der Begriff „Tê" kann je nach dem Zusammenhang viele Bedeutungen haben:

- Zunächst einmal ist er die *Lebenskraft*, die *göttliche Kraft* und daher auch die *Magie*. Auch die Lebenskraft-Verbindungen, die im Tao-Tê-King als „feinste Seidenfäden" umschrieben werden, gehören zu dieser grundlegenden Bedeutung des „Tê".

- Diese Kraft erhält man nur, wenn man in *Selbsttreue* lebt und *dem eigenen Herzen folgt*.

- Die Eigenschaften sowohl dieser Kraft als auch dieser Haltung sind *Richtigkeit*, *Geradheit*, *Direktheit* und *Aufrichtigkeit*.

- Durch das Leben aus dem Tao heraus entstehen die eben genannten Eigenschaften, die wiederum bestimmte Fähigkeit entstehen lassen: innere *Stärke*, *Handeln auf die angemessene Weise*, *Können*, *Fähigkeit* und schließlich *Virtuosität*.

- Die Lebenskraft ist zwar innen, aber sie richtet sich auch nach außen und stellt Verbindungen her: *Wahrnehmung*, *Kontakt vom Herzen her*, *innige Begegnung* und *wirkliche Berührung*.

- All diese Eigenschaften führen schließlich zu den allgemeinen Qualitäten von *Tugend*, *Charakter*, *moralischer Standfestigkeit* und *Gutsein*.

Diese Vielfalt von Eigenschaften des „Tê" zeigt, daß das „Tê" ständig in den Versen des Lao-tse erscheint, aber eben nicht unter dem Namen „Tê", sondern unter einer Vielfalt von Namen, weil das „Tê" so viele verschiedene Aspekte hat.

60. Spruch

Regiere große Staaten behutsam wie das Braten kleiner Fische –
leite das Reich durch das Tao.
Dann werden seine bösen Geister nicht umgehen;
es werden nicht nur die bösen Geistern nicht umgehen,
sondern auch die guten Geister werden die Menschen nicht schädigen;
nicht nur die guten Geister werden die Menschen nicht schädigen,
sondern auch die Weisen werden die Menschen nicht schädigen.

Da beide nicht einander schaden,
werden sich die inneren Kräfte der beiden miteinander vereinen – nicht wahr?

Kleine Fische braten schneller an als große und brennen auch schneller an und verkohlen schneller – daher ist das Braten kleiner Fische ein Bild für Behutsamkeit.
Behutsamkeit bewahrt vor Schaden.

73. Spruch

Der Mut zum Wagnis läßt töten,
der Mut zum Nicht-Wagnis läßt leben –
von diesen beiden ist das eine ein Segen und das andere ein Schaden.

Wer wüßte die Gründe für des Himmels Abneigungen?
Daher finden selbst weise Menschen dies schwierig.

Des Himmels Weg ist es
nicht zu wetteifern, doch geschickt zu siegen,
nicht zu reden, doch gewandt zu antworten,
nicht zu rufen, doch von selbst kommen zu lassen,
gut zu meditieren und doch gut zu planen.

Des Himmels Netz ist so weit und breit,
so weitmaschig und doch so undurchlässig.

Erste Strophe: Es ist besser, das Leben zu erhalten als es zu nehmen.

Zweite Strophe: Es ist selbst für den Weisen schwierig, den Lauf der Dinge klar zu erkennen. Der Himmel ist hier anscheinend mit dem Tao identisch.

Dritte Strophe: Das Tao (der Himmel) ermöglicht, sowohl vom Himmel her intuitiv zu handeln als auch von der Erde her sachlich geplant zu handeln. Das Tao ermöglicht es, beide Vorgehensweisen auf eine sinnvolle Weise zu kombinieren.

Vierte Strophe: Dieser Vers soll vermutlich bedeuten, daß das Tao (der Himmel) schwer zu fassen ist, aber das es auf alles wirkt und nichts übersieht.

74. Spruch

Wenn die Leute den Tod nicht fürchten,
wie will man sie da mit dem Tod einschüchtern?
Wenn Übeltäter die Leute ständig in Todesangst halten würden
und dann jemand etwas Übles tun würde–
sollte ich den dann ergreifen und töten?

Es hat zu allen Zeiten amtliche Henker gegeben.
Wer jedoch anstelle des amtlichen Henkers jemanden tötet,
der gleicht dem Mann, der anstelle des Zimmermanns die Axt nimmt –
doch wer anstelle des Zimmermanns die Axt nimmt,
der wird sich nur selten dabei nicht die eigenen Hände verletzen.

Dieser Spruch scheint zu bedeuten, daß man sich mit Selbstjustiz nur schadet – insbesondere wenn es um das Töten eines Verdächtigen geht.

Zugleich wird hier gesagt, daß die Todesstrafe nur mäßig nützlich ist, weil sie kaum jemanden von seinem Verbrechen abhält.

G Klarheit

27. Spruch

Gute Wanderer brauchen keinen Weg und keine Spur,
gute Redner sind ohne Fehl und Tadel,
gute Rechner brauchen keine Zählmarken und keine Schreibtafeln,
gute Türschließer brauchen weder Schloß noch Riegel –
und trotzdem kann niemand öffnen,
gute Binder brauchen weder Schnur noch Knoten –
und trotzdem kann niemand auflösen.

Daher sind weise Menschen gut darin, Menschen zu erretten,
  ohne dabei irgendjemanden im Stich zu lassen;
Daher sind weise Menschen immer gut darin, Dinge zu erretten,
  ohne dabei irgendetwas zu vergeuden.
    Dies nennt man „der Klarheit folgen".

Deshalb sind die guten Menschen die Lehrer der nicht-guten Menschen
und deshalb sind die die nicht-guten Menschen die Aufgabe der guten Menschen.
Den Lehrer nicht zu schätzen und seine Aufgabe nicht zu lieben ist,
auch wenn man sehr gelehrt ist: eine große Verwirrtheit.
Dies nennt man „bedeutungsvolles Geheimnis".

In der ersten Strophe steht, daß man die Dinge intuitiv aus dem Tao heraus tun sollte, wenn man in einer Sache wirklich gut sein will.

In der zweiten Strophe steht, daß dieses intuitive Handeln dank der Führung durch das Tao („der Klarheit folgen") auch keine Nebenwirkungen hat und keine Kollateralschäden verursacht.

In der dritten Strophe steht, daß es schlichtweg dumm ist, nicht von denen zu lernen, die mehr wissen und mehr können …

Die Hauptaussage dieser Strophe ist, daß das Tao in dem Weisen eine Klarheit erschafft, durch die er das Richtige erkennt und tun kann. Dieses Verhalten und diese Möglichkeit erscheint den anderen als ein Großes Geheimnis.

H   Einfachheit

19. Spruch

Verlaßt die Heiligtümer und gebt die Gelehrsamkeit auf –
dann wird sich der Vorteil des Volkes verhundertfachen.
Verlaßt die Wohltätigkeit und gebt die Moral auf –
dann werden die Leute zu kindlicher Verehrung der Eltern
und zu der Liebe der Eltern für ihre Kinder zurückkehren.
Gebt den Eigennutz auf –
und es wird keine Räuber und Diebe mehr geben.

Diese drei sind als Beschreibung noch unvollständig,
darum laßt mich noch hinzufügen:
zeigt Einfachheit,
bewahrt Natürlichkeit –
weniger Selbstsucht, weniger Begierden!
Verzichtet auf Gelehrsamkeit –
und ihr werdet keine Sorgen mehr haben.

Die Aussagen in der ersten Strophe sind recht drastisch – sie fordern eine „taoistische Anarchie". Niemand soll zu etwas gezwungen werden, damit alle aus dem Tao heraus handeln können. Auf diese Weise entsteht das, was für alle das Beste ist.

Das ist ein ganz anderer Ansatz als Kants kathegorischer Imperativ, der fordert, daß man so handeln sollte, wie man sich wünscht, daß alle handeln. Kants Ansatz entspricht eher den Lehren des Kung-fu-tse oder den sozialen Ansichten der Menschen im Alten Ägypten.

Die zweite Strophe präzisiert und ergänzt noch einmal die Aufzählung in der ersten Strophe darüber, was man aufgeben soll: die Begierden, die Selbstsucht, die Gelehrsamkeit, die Moral, die Wohltätigkeit und sogar den religiösen Kult. Stattdessen sollte man einfach und natürlich sein – nur so kann man aus dem Tao heraus handeln.

Diese Lehre hat schon etwas Revolutionäres, Provokatives und Extremes – aber sie ist zugleich sehr schlicht und gradlinig und sie gibt dem Einzelnen wieder die volle Verantwortung für sein eigenes Leben. Diese Betonung der Selbstverantwortung ist ein Merkmal aller Weisheitslehren und Mysterienkulte.

I Meditation

21. Spruch

Nur durch die Haltung der beständigen inneren Kraft
kann man dem Tao wirklich folgen.
Das Wirken des Tao ist etwas höchst Unfaßbares, höchst Unbegreifliches.

Ach, unbegreiflich, ach, unfaßbar: in seinem Inneren gibt es Bilder;
Ach, unbegreiflich, ach, unfaßbar: in seinem Inneren gibt es Wesen,
Ach, verborgen, ach unergründlich: in seinem Inneren gibt es Essenzen,
diese Essenzen sind höchst ursprünglich: in seinem Inneren ist Gewißheit.

Von alter Zeit her bis heute ist sein Name unverändert,
denn es bewirkt den Anfang aller Dinge.
Und ich, woher weiß ich denn die Form aller Anfänge?
Aus dem Inneren!

Meditation bedeutet, sich nach innen zur Quelle, zur Einheit, zu Muttergöttin, zum Tao zu wenden. Von dort kommen die Fülle, die Kraft und die Selbstliebe.

47. Spruch

Ohne vor die Tür zu gehen, kannst Du die Welt kennen,
ohne aus dem Fenster zu blicken, kannst Du das himmlische Tao sehen.
Je weiter man reist, desto weniger weiß man.

Deshalb ist es so mit den weisen Menschen:
sie verreisen nicht, doch sie verstehen,
sie untersuchen nicht, doch sie beschreiben,
sie handeln nicht, doch sie vollenden.

Die Quelle aller Dinge findet man in seinem Inneren – man kann das Tao nicht im Außen erkennen. Man muß still werden, um es zu sehen.

(Wenn man es gefunden hat, kann man das Tao jedoch auch in allem in der Welt sehen, da das Tao die Quelle von allem ist.)

54. Spruch

Gut Gegründetes wird nicht entwurzelt werden,
gut Bewahrtes wird nicht fortgenommen werden,
Kinder und Kindeskinder, die ihre Ahnen mit Opfern verehren,
werden nicht vergehen.

Laß es in Deinem Selbst gedeihen –
  und Deine innere Kraft wird echt sein;
laß es in Deiner Familie gedeihen –
  und Deine innere Kraft wird in Fülle sein;
laß es in Deiner Gemeinschaft gedeihen –
  und Deine Innere Kraft wird dauerhaft sein;
laß sie in Deinem Volk gedeihen –
  und Deine innere Kraft wird überfließen;
laß sie in der ganzen Welt gedeihen –
  und Deine innere Kraft wird alles unter dem Himmel umarmen.

Darum betrachte Dein Selbst Deinem Selbst gemäß,
Deine Familie Deiner Familie gemäß,
Deine Gemeinschaft Deiner Gemeinschaft gemäß,
Dein Volk Deinem Volk gemäß,
die Welt der Welt gemäß.

Und wodurch erkenne ich, daß die Welt so ist?
Von innen heraus!

Kraft findet man im eigenen Inneren, denn dort ist das Tao. Aus dieser Kraft heraus kann man alles im Außen gedeihen lassen.

55. Spruch

Bewahre die Fülle der inneren Kraft
und Du wirst einem neugeborenen Kind gleichen,
das Hornissen und Skorpione, Vipern und Schlangen nicht verletzen,
das wilde Tiere nicht packen und das Raubvögel nicht schlagen.

Die Knochen der Neugeborenen sind weich und seine Sehnen zart,
*   doch ihr Griff ist fest.*
Sie kennen noch nicht die Vereinigung von Mann und Frau,
*   aber dennoch regt sich schon ihre Zeugungskraft –*
*   wirklich der Lebenskraft Gipfel!*
Sie schreien den ganzen Tag und werden doch nie heiser –
*   wirklich der Gipfel des Einklanges!*

Wissen um Harmonie bedeutet Beständigkeit,
Wissen um Beständigkeit bedeutet Einsicht.
Übersteigern des Lebens nennt man unheilvoll,
die eigene Lebenskraft übermütig anspannen nennt man Gewalt.

Wenn die Geschöpfe zu groß werden, werden sie alt –
das nenne ich ohne Tao sein
und ohne Tao werden sie einen vorzeitigen Tod finden.

Hier findet sich das Taoismus-Prinzip „das Weiche ist stärker als das Harte" vor allem am Beispiel eines kleinen Kindes beschrieben. Säuglinge ruhen noch im Tao, sind noch nicht „verbogen" und sind daher noch durch das Tao vor Gefahren geschützt.

56. Spruch

Wer weiß, redet nicht,
wer redet, weiß nicht.

Zügle Deinen Redefluß,
verschließe Deine Tore,
glätte Deine Schärfe,
löse Deine Verwirrungen,
mildere Deinen Glanz,
werde eins mit Deinem Staub –
dies wird das geheimnisvolle Einssein genannt.

Daher kannst Du es nicht erlangen, indem Du Dich annäherst –
  und auch nicht, indem Du fortgehst;
Du kannst es nicht erlangen, indem Du ihm hilfst –
  und auch nicht, indem Du ihm schadest;
Du kannst es nicht erlangen, indem Du es verehrst –
  und auch nicht, indem Du es verachtest;
    daher wird es das Höchste der Welt genannt.

Man kann das Tao nicht in Worte fassen, sondern nur in der Stille finden. Doch Worte können immerhin (wie die Verse des Lao-tse) Hinweisschilder dafür sein, wohin man schauen sollte, wenn man das Tao finden will.

Die letzte Strophe beschreibt durch Widersprüche, daß das Tao überall ist und daß man es daher am einfachsten in der Stille in sich selber findet.

68. Spruch

Wirksam handelnde Führer sind nicht kriegerisch,
gute Kämpfer sind nicht von Wut entflammt,
gute Eroberer sind wie teilnahmslos,
gute Vorgesetzte handeln respektvoll.

Dies nennt man nicht-wettstreitende innere Kraft, also Führungsstärke.
Dies nannte man im Altertum „dem Himmel gleichen" – das ist das Höchste.

Die innere und da heraus auch äußere Gelassenheit in allen Situationen ermöglicht es, stets dem Tao zu folgen und aus ihm heraus zu handeln.

Am anschaulichsten zeigt sich dies bei einem Krieger: Er kann nur dann wirklich optimal kämpfen, wenn er den Tod nicht fürchtet.

J   Einsgerichtetheit

10. Spruch

Fördere Deine Seele und Deinen Lebenskraftkörper und bewahre ihre Einheit –
kannst Du ohne innere Spaltung sein?
Bündele Deine Lebenskraft und erlange Geschmeidigkeit –
kannst Du wie ein neugeborenes Kind sein?
Wasche Deine finsteren Blickweisen fort –
kannst Du ohne Makel sein?

Das Volk lieben, das Land leiten –
kannst Du das? Nicht nur aus bloßem Wissen heraus?
Wenn sich die Pforten des Himmels öffnen und schließen –
kannst Du dann auf weiblich-passive Weise darauf eingehen?
Kannst Du ein klares Verständnis erlangen, das alles durchdringt?
Kannst Du das das? Nicht nur aus bloßem Wissen heraus?

Etwas erschaffen, etwas pflegen,
erschaffen ohne es besitzen zu wollen,
handeln ohne beherrschen zu wollen,
führen ohne befehlen zu wollen –
das nennt man die „tiefe innere Kraft".

Hier wird sehr deutlich die Wirkung des Tao im eigenen Inneren beschrieben:
Man ist ohne innere Widersprüche, man klammert sich an nicht fest, man hält nichts fest, man zwingt nichts, man ist auf keine Ängste oder Rachegefühle fixiert, man hadert nicht mit dem Schicksal, man redet nicht bloß …

Stattdessen ist man einsgerichtet, elastisch, geschmeidig, offen, für alles bereit, läßt alles fließen …

Das ist die Haltung, die aus dem Tao heraus entsteht.

22. Spruch

Sei nachgiebig und Du wirst vollkommen sein,
sei biegsam und Du wirst gerade sein,
sei leer und Du wirst in Fülle sein,
sei abgenutzt und Du wirst erneuert werden,
sei arm und Du wirst reich werden,
aber wenn Du viel hast, wirst Du verwirrt sein!

Deshalb schätzen die weisen Menschen die Einheit
und werden der Welt zum Vorbild:
nicht ichbezogen und daher erleuchtet,
nicht selbstgerecht und daher klar,
nicht überheblich und daher voller Verdienste,
nicht prahlend und daher voller Größe;
denn weil sie nicht mit anderen wettstreiten,
kann sich unter dem Himmel niemand mit ihnen messen.

Wie könnte das alte Sprichwort „biegsam und daher vollkommen"
denn nur leere Worte sein?
Wahre Vollkommenheit und seine Rückkehr zum Tao.

Hier werden drei Tao-Prinzipien kombiniert: „Jedes Extrem tendiert dazu, sich in das Gegenteil zu verwandeln." und „Das Weiche besiegt das Harte." sowie „Im Tao liegt die Kraft."

39. Spruch

In der alten Zeit erlangten Folgende die Einheit des Tao:
der Himmel erlangte die Einheit und wurde dadurch klar,
die Erde erlangte die Einheit und wurde dadurch friedlich,
die Geister erlangten die Einheit und wurden dadurch mächtig,
die Täler erlangten Einheit und wurden dadurch gefüllt,
die abertausend Geschöpfe erlangten die Einheit und wurden dadurch lebendig;
Fürsten und Könige erlangten die Einheit und handelten daher als Vorbild für die Welt.
Dies bewirkte das Tao.

Der Himmel würde,
  wenn er nicht durch die Einheit klar würde,
    befürchten zu zerreißen,
die Erde würde,
  wenn sie nicht durch die Einheit friedlich würde,
    fürchten sich aufzuspalten,
die Geister würden,
  wenn sie nicht durch die Einheit mächtig würden,
    fürchten sich aufzulösen,
die Täler würden,
  wenn sie nicht durch die Einheit voll würden,
    fürchten auszutrocknen,
die abertausend Geschöpfe würden,
  wenn sie nicht durch die Einheit lebendig würden,
    fürchten auszusterben,
Fürsten und Könige würden,
  wenn sie nicht durch die Einheit hoch geschätzt würden,
    fürchten zu fallen.

Daher läßt das Edle sich das Gewöhnliche so als Wurzel dienen,
und daher läßt das Hohe sich das Niedere so als Grundlage dienen.
Deshalb nennen Fürsten und Könige sich selber verwaist, einsam und wertlos.
Entspricht dies denn nicht dem „ ... das Gewöhnliche sich als Wurzel dienen lassen"?
Daher ist es ehrlos, zu viel auf Ehre zu geben;
begehre daher nicht zu glitzern und zu gleißen,
sondern sei rau und fest wie ein Gedenkstein.

Alle Dinge gedeihen nur aufgrund des Tao, das hier „Einheit" genannt wird.

K Die eigene Mitte

5. Spruch

Himmel und Erde sind nicht freundlich:
sie behandeln abertausende Geschöpfe wie die Hunde aus Stroh,
die man im Tempel opfert und anschließend zertrampelt ...
Auch weise Menschen sind nicht freundlich:
daher werden alle Leute wie diese Hunde aus Stroh behandelt.

Himmel und Erde sind hohl wie eine Trommel und eine Flöte
und doch stürzen sie nicht zusammen;
sie sind in Bewegung und sind doch umso schöpferischer.

Viele Worte sind ein sicheres Merkmal der Erschöpfung –
sie sind nicht so wie gut wie das Bewahren der eigenen Mitte.

In der ersten Strophe wird gesagt, daß das Leben (Himmel und Erde) und auch die Weisen nicht freundlich sind, sondern rau.

In der zweiten Strophe wird gesagt, daß das Tao leer ist und zugleich die Quelle der Fülle.

In der dritten Strophe wird gesagt, daß viele Worte nicht förderlich sind, sondern daß das Bewahren der eigenen Mitte förderlich ist. Man wird davon ausgehen können, daß diese eigene Mitte durch den Kontakt mit dem Tao und aus diesem Tao heraus entsteht.

7. Spruch

Der Himmel ist ewig, die Erde beständig.
Wodurch können Himmel und Erde ewig und dauerhaft sein?
Weil sie nicht egoistisch für sich selber leben, können sie lange leben.

Daraus folgt:
Weise Menschen nehmen sich zurück – und gehen doch voran;
sie schauen nicht auf sich selbst – und doch bleibt ihr Selbst gewahrt.
Nicht wahr, weil sie nicht auf ihr Eigeninteresse fixiert sind,
verwirklichen sie ihr Eigeninteresse!

Hier wird der Rat erteilt, sich auf den Fluß der Dinge einzulassen – dann lebt man lange.

8. Spruch

Die höchste Güte gleicht dem Wasser:
die Güte des Wassers fördert abertausend Geschöpfe ohne jeden Wettstreit;
das Wasser verweilt an Orten, die jeder meidet –
daher ist das Wasser dem Tao nahe.

Beim Wohnen schätze die Erdung,
im Herzen schätze die Tiefe,
im Geben schätze die Menschlichkeit,
im Reden schätze die Aufrichtigkeit,
im Regieren schätze die Ordnung,
im Unternehmen schätze das Können,
in Taten schätze die rechte Zeit.

Denn nur ohne Wettstreiten ist man ohne Tadel.

Die erste Strophe beschreibt das Loslassen als Qualität des Wasser – deshalb fließt es immer nach unten. Dieses Loslassen und Fließenlassen ist das, was ein Taoist tut.

Die zweite Strophe beschreibt die Eigenschaften, die zum Tao führen und die aus dem Tao heraus entstehen – und die alle Dinge gedeihen lassen.

Die letzte Zeile dieses Spruches bedeutet, daß man nur seinen eigenen Weg gehen kann, wenn man sich auf das Tao ausrichtet und nicht auf das, was die anderen tun und wollen.

33. Spruch

Menschenkenntnis ist Klugheit,
   Selbsterkenntnis ist Erleuchtung.
Andere meistern bedeutet äußere Macht,
   sich selber zu meistern bedeutet innere Kraft.

Machtvolles Vorgehen ist Ehrgeiz,
   Genügsamkeit kennen ist Wohlergehen.
Nicht seinen Platz zu verlieren bedeutet Dauerhaftigkeit,
   zu sterben, aber nicht zu vergehen, bedeutet Unsterblichkeit.

Hier wird der äußere Erfolg (Zeile 1, 3, 5, 7) mit dem inneren Erfolg (Zeile 2, 4, 6, 8) verglichen. Der äußere Erfolg ist klein, der innere groß. Der innere Erfolg entsteht durch Selbsterkenntnis und diese beruht wiederum auf dem Erkennen des Tao.

72. Spruch

Menschen, die keine Autorität fürchten,
werden später selber Autoritäten werden ...
Ihre Wohnstätte sei ohne Einengung,
ihr Lebensraum sei ohne Unterdrückung –
denn nur wenn sie nicht unterdrückt sind, sind sie nicht bedrückt.

Daher kennen sich die Weisen selber, aber beachten sich nicht,
sie haben Selbstwertgefühl, aber keine Selbstüberschätzung,
daher lassen sie jenes sein und ziehen dieses vor.

In diesem Spruch werden die Weisen (also die Menschen, die dem Tao folgen) als freiheitsliebend, selbstbestimmt und furchtlos beschrieben. Die Weisen kennen sich selber und sie kennen das richtige Maß.

L Beständigkeit

44. Spruch

Ruhm oder Leben – was liegt Dir näher am Herzen?
Leben oder Besitz – was bedeutet Dir mehr?
Gewinn oder Verlust – was ist schlimmer?

Daher verursacht zu viel Lieben große Ausgaben,
daher verursacht zu sehr Sammeln schwere Verluste.
Zu wissen, daß es reicht, ist keine Schande,
zu wissen, wann man aufhören muß, ist nicht gefährlich –
dadurch kannst Du lange durchhalten.

Rechtes Maß bewirkt Beständigkeit.

49. Spruch

Weise Menschen haben keine bestimmten Ziele,
daher lassen sie die Ziele der Menschen der aberhundert Sippen ihre Ziele sein.

Zu den Guten bin ich gut,
  zu den Bösen bin ich auch gut,
    denn innere Kraft ist Gut-sein.
Zu den Treuen bin ich treu,
  zu den Untreuen bin ich auch treu,
    denn innere Kraft ist Treue.

Die weisen Mensch inmitten der Welt:
höchst harmonisch und auf das Ganze ausgerichtet wirken sie in der Welt.
Die Menschen der aberhundert Sippen richten Ohr und Auge auf die Weisen –
für die Weisen sind sie alle wie Kinder ...

Ein Taoist (Weiser) folgt dem Tao und das ist freundlich zu allen, da es die Wurzel von allen ist. Daher ist auch der Taoist freundlich – aus seiner inneren Kraft heraus, deren Quelle das Tao ist.

Ein Taoist ist wie ein Bodhisattva. Wie der Dalai Lama so schön gesagt hat: „Ein Bodhisattwas ist der größte und effektivste Egoist, da er erkannt hat, daß alle Menschen an ihrer Wurzel eins sind und daß ein Boddhisatwa daher am glücklichsten sein wird, wenn alle Menschen glücklich sind. Also hilft ein Boddhisattwa allen Menschen."

Die Freundlichkeit der Taoisten zu allen Menschen ist also kein Helfersyndrom, sondern entspringt einer tiefen Einsicht: Das Tao ist das, was uns alle lebendig macht und was in uns allen lebt. Deshalb sind alle Menschen für den Weisen wie Kinder: Der Weise hilft allen Menschen wie Kindern, da die meisten Menschen unwissend wie Kinder sind – und weil er sie als seine eigenen Kinder erlebt ...

50. Spruch

Hinausgehen ins Leben,
hineingehen in den Tod
  Lebens-Knechte – von zehn sind es drei,
  Todes-Knechte – von zehn sind es drei;
  auch Menschen des Lebens erstreben den Tod – von zehn sind es ebenfalls drei.
Nun, aus welchem Grund?
Weil diese in des Lebens Überfluß leben.

Daher sagt man, daß die, die das Leben gut zu bewahren wissen,
das Land durchwandern können,
ohne Büffel und Tiger zu fürchten:
  sie durchqueren Schlachtfelder ohne Schild und Schwert zu tragen.
  Büffel finden keinen Platz, in den sie ihr Horn bohren könnten,
  Tiger finden keine Stelle, in die sie ihre Krallen schlagen könnten,
  Schwerter finden keinen Ort, in den sie ihr Klinge stechen könnten.
Nun, aus welchem Grund?
Weil sie keine tödlichen Stellen haben!

  Die erste Strophe ist schwer zu verstehen. Es geht um Leben und Tod – und um Lebensüberdruß? Es werden zudem drei mal drei Arten von Menschen genannt, was zusammen neun Menschen macht. Wer ist der zehnte Mensch, über den hier nichts gesagt wird? Der Weise?

  In der zweiten Strophe wird anscheinend ein Taoist beschrieben: Weil er sein Leben bewahren kann (weil er im Tao ruht), können Gefahren ihm nicht schaden. Das ist Tao-Magie.

53. Spruch

Wenn ich ein kleines Körnchen Weisheit besitze,
werde ich auf dem großen Tao wandeln,
und nur Abweichungen davon fürchten.

Das große Tao ist völlig geradlinig,
aber die Menschen lieben Abwege:
die Höfe sind äußerst prachtvoll,
die Felder sind von Unkraut überwuchert,
die Getreidespeicher sind vollkommen leer.

Menschen in Kleidung mit bunter Stickerei,
die scharfe Schwerter tragen,
die übersättigt von Speise und Trank sind,
die Geld und Güter im Überfluß haben –
dies ist die Versuchung für jeden Räuber,
aber wirklich in keiner Weise der Weg des Tao!

Es ist ratsam und förderlich, im Tao zu bleiben und das rechte Maß zu wahren – dann ist man in keiner Gefahr.

M Irrwege

17. Spruch

Von den Besten ganz oben an der Spitze weiß man nur, daß es sie gibt;
die dann folgen, werden geliebt und gepriesen;
die darauf folgen, werden gefürchtet;
die dann auf diese folgen, werden verachtet.

Vertraust Du nicht genug – oder was?
Vertraut man Dir nicht genug – oder was?

Ach, besonnen sind die wertvollen Worte der Besten:
Wenn die Aufgaben vollbracht und die Angelegenheiten erledigt sind,
werden alle Menschen in den hundert Sippen sagen:
Wir haben alles selber bestimmt!

    Erste Strophe: Hier wird die Ungleichbehandlung der sozialen Schichten beschrieben.

    Zweite Strophe: Hier erscheint das Vertrauen als wesentliches Element. Vertrauen ist auch das, was das Tor zur Muttergöttin öffnet – und somit auch zum Tao.

    Dritte Strophe: In diesen Versen wird indirekt gesagt, daß der Weise das Volk leitet, ohne daß das Volk merkt, daß es geleitet wird. Dies geschieht anderen Textstellen im Tao-Tê-King zufolge dadurch, daß der Weise im Tao ruht.

    Der Irrweg ist das Nicht-Beachten des Tao, das Überbewerten der sozialen Schicht, zu der man gehört, und zum Teil auch die Unbewußtheit, durch die man nicht erkennt, daß man durch die Tao-Ausstrahlung des Weisen gelenkt wird.

18. Spruch

Wenn das große Tao verlassen wird,
*   bleiben zunächst noch Menschlichkeit und Rechtschaffenheit;*
wenn danach aber der Scharfsinn und die Spitzfindigkeit aufkommen,
*   gibt es schon bald eine große Heuchelei;*
sind daraufhin dann die sechs Arten von Blutsverwandten sich nicht mehr einig,
*   kommt es zu Kindesgehorsam und Elternautorität;*
*   fallen Land und Leute dadurch dann in Verwirrung und Chaos,*
*   wird es bald schon gesetzestreue Patrioten geben.*

Hier wird ziemlich bissig beschrieben, was geschieht, wenn man das Tao verläßt: Man gerät letztlich in das sture und wörtliche Befolgen von Regeln. Solche Regeln sind starr und hart – das Tao ist hingegen elastisch und weich.

Und das Weiche wird das Harte besiegen …

46. Spruch

Eine Welt, die dem Tao folgt,
nutzt die Rennpferde wieder zum Düngen;
eine Welt, die nicht dem Tao folgt,
züchtet Kriegspferde vor den Städten auf den heiligen Grabhügeln.

Von allen Unglücken ist keines größer als Begehren zu kennen,
von allen Arten des Unheils ist keines größer als nichts von Zufriedenheit zu wissen,
von allen Fehlern ist keiner größer als das Streben nach Gewinn –
Deshalb genügt wirklich es allezeit, genug vom Genug-sein zu wissen!

Das „dem Tao folgen" schafft Frieden und förderliches Handeln; der Mangel an „dem Tao folgen" schafft Krieg und schädliches Handeln.

Es ist das Fehlen des rechten Maßes in allen Dingen, das die Menschen vom dem Tao fortlockt.

57. Spruch

Leite das Land durch Rechtschaffenheit,
durch seltenen Gebrauch von Waffen;
erobere die Welt durch nicht-Eingreifen.
Aber woher weiß ich denn, daß das so ist?
Von innen her.

Die Welt hat viele Beschränkungen und Verbote –
doch die Leute werden trotzdem immer ärmer;
wenn die Leute viele ausgeklügelte Geräte haben –
dann werden Land und Leute immer verwirrter.
Leute mit vielen kunstfertigen Techniken
lassen zunehmend seltsame Dinge aufkommen.

Wenn Gesetz und Ordnung zu oft verkündet werden,
wird es zu viele Räuber und Diebe geben.

Daher sprechen die Weisen:
Ich handele ohne einzugreifen,
und die Menschen werden sich auf natürlich Weise aus sich heraus entwickeln.
Ich ziehe die Stille vor
und die Menschen werden vorbildlich sein.
Ich bin ohne Begehren
und die Menschen werden von selber schlicht und einfach werden.

Sei friedlich, sei schlicht, sei freilassend, leite von innen her – das sind die Botschaften dieser vier Strophen.

58. Spruch

Der, der sanft und unaufdringlich regiert,
wird ein Volk haben, das einfach und aufrichtig ist.
Der, der sein Volk scharf und streng regiert,
wird ein Volk haben, das hinterlistig und heimtückisch ist.

Ach, das Unglück ist des Glückes Unterlage,
Ach, das Glück ist des Unglückes Versteck.

Wie könnte man seine Grenzen kennen, wenn man keine Richtschnur hätte?
Wo die Richtschnur verwirrt ist, da bewirkt sie Chaos,
wo Güte verkehrt wird, bewirkt sie Unheilvolles;
die Verblendung der Menschen wird täglich hartnäckiger und dauerhafter.

Daher sagen die Weisen:
offen sprechen, aber ohne zu verletzen,
deutlich, aber ohne zu stechen,
gezielt, aber ohne zügellos zu werden,
brillant, aber ohne zu blenden.

Erste Strophe: „Wie der Herr, so's Gescherr."

Zweite Strophe: Alle Dinge ändern sich: die Lehre des I Ging und der 10. Tarot-Karte mit dem Namen „Schicksalsrad".

Dritte Strophe: Man braucht das rechte Maß – sonst gibt es kein Gedeihen.

Vier Strophe: Diese vier Fähigkeiten im Sprechen erreicht man dann, wenn man weder gierig noch asketisch ist, sondern in Fülle ruht; wenn man weder Macht sucht noch in Ohnmacht verharrt, sondern in seiner Kraft ruht; wenn man weder riesige Größe noch winzige Kleinheit sucht, sondern in Selbstliebe ruht – das gelingt durch das Tao.

61. Spruch

Große Länder sind wie abwärts strömend
  hin zum Zusammenfluß der ganzen Welt – dies ist der Welt Weiblichkeit.
Weiblichkeit, beständig durch ihre Stille,
  prägt die Männlichkeit durch Stille, die von unten her wirkt.

Daher sind große Staaten unterhalb kleinerer Staaten,
  weshalb sie kleinere Staaten erobern.
Kleinere Staaten sind entsprechend unterhalb großer Staaten,
  weshalb sie größere Staaten erobern.
Daher sind manche unten und erobern
  und andere sind unten – und erobern ebenfalls.

Große Staaten haben keine weiteren Wünsche:
  vereine und nähre die Menschen;
kleine Staaten haben keine weiteren Wünsche:
  sie schließen sich an und dienen dem Volk.
Wahrlich, beide erhalten, was sie brauchen –
  die großen wirken passenderweise von unten her.

Hier ist die Bedeutung der Redewendung „von unten her" von großer Wichtigkeit für das Verständnis. Im I Ging ist das untere stets das, was aufsteigt, was heraufkommt – wie die Sonne am Morgen. „Sich unten halten" ist auch eine Umschreibung für Bescheidenheit, für Uneigennützigkeit, für Hilfsbereitschaft – was alles Eigenschaften sind, die hier auch als weiblich, d.h. als „Yin" aufgefaßt werden.

Die Königreiche, die in diesem Sinne „weiblich" sind, schaffen bei anderen Königreichen Vertrauen zu ihnen – Königreiche gehen daher gerne Bündnisse mit „weiblichen" Reichen ein oder vereinen sich mit ihnen zu einem einzigen Staat.

Diese „weiblichen" Reiche sind wie das weiche Wasser, das alles formt, sie sind wohltuend wie die Muttergöttin, sie strahlen das Wesen des Tao aus.

63. Spruch

Tun ohne Gehabe,
Geschäfte ohne Geschäftigkeit:
finde Geschmack im Geschmacklosen,
Größe im Kleinen,
Vieles im Wenigen,
antworte auf Haß mit innerer Kraft.

Plane das Schwierige, wenn es noch einfach ist,
tue Großes, wenn es noch eine Kleinigkeit ist,
die schwierigen Angelegenheiten der Welt entstehen stets aus Kleinigkeiten.

Daher tun weise Menschen letztlich nichts Großes
und sind daher fähig, ihre Größe zu vollenden.
Wahrlich – schnelle Versprechen sind nur selten vertrauenswürdig,
zuviel Behaglichkeit führt stets zu großem Ärger.
Daher stellen sich die Weisen den Problemen
und beenden dadurch schon bald die Probleme.

Erste Strophe: Sei still und zurückhaltend und handle aus dem Tao heraus – dann wirst Du auf unauffällige Weise Erfolg haben.

Zweite Strophe: Sei vorausschauend und sorgsam.

Dritte Strophe: Menschen, die sowohl im Tao ruhen als auch vorausschauend und sorgsam sind, werden Erfolg haben und als weise angesehen werden.

65. Spruch

Die Alten, die vorzüglich das Tao lebten,
taten dies keineswegs zur Erleuchtung der Menschen
und bewahrten sich so ihre Schlichtheit.

Das Volk ist schwer zu beherrschen,
wenn es seine Schläue zu viel nutzt.
Daher ist es des Landes Untergang, wenn man es mit zuviel Schläue leitet –
ohne Schläue das Land zu leiten bewirkt das Gegenteil: den Segen des Landes.

Verstehe diese beiden auch als die besten Vorbilder:
stets der besten Vorbilder bewußt zu sein bedeutet geheimnisvolle innere Kraft.

Geheimnisvolle innere Kraft reicht wirklich tief und weit.
Sie ermöglicht den Geschöpfen eine Umkehr,
durch die sie die Große Harmonie erlangen.

Erste Strophe: Man muß zum Weisen gehen und ihn befragen, wenn man den Weg der Weisheit gehen will – der Weise kommt nicht ins eigene Haus.

Zweite Strophe: Berechnend sein ruft Berechnung bei anderen hervor. Schlichtheit ruft Gedeihen hervor.

Dritte Strophe: Mit „diese beiden" sind das Aufsuchen der Weisen (erste Strophe) und die Schlichtheit (zweite Strophe) gemeint. Diese beiden sind der Weg zu der inneren Kraft, die durch das Tao entsteht.

Vierte Strophe: Die geheimnisvolle innere Kraft ist das Tao – sie bewirkt die Große Harmonie, d.h. das Tê, also die Magie, die die äußeren Umstände eines Menschen entsprechend seinem inneren Zustand prägt.

75. Spruch

Die Menschen hungern, weil die Obrigkeit zuhauf die Getreidesteuer verschlingt –
darum hungert das Volk.
Das Volk ist schwer zu lenken, weil die Obrigkeit da ist und sich einmischt –
daher ist es schwer zu lenken.

Die Leute blicken nicht auf den Tod, denn sie streben nach des Lebens Fülle –
daher blicken sie nicht auf den Tod.
Denn nur „nicht nach dem Leben zu streben"
ist würdiger als „gierig nach Leben zu sein".

Die erste Strophe ist eine ganz schlichte und direkte Kritik an der Aufspaltung des Volkes in reich und arm.

Die zweite Strophe sagt, daß es wichtig ist, sich zum einen des Todes bewußt zu sein und zum anderen nicht aus Todesangst sich selber untreu zu werden. Beides kann dazu anregen, nach dem Tao zu suchen und dann, wenn man es gefunden hat, aus ihm heraus zu leben.

77. Spruch

Gleicht des Himmels Tao nicht einem gespannten Bogen?
Hohes drückt es nieder, Niederes hebt es empor,
das, was Überfluß hat, vermindert es,
das, dem es mangelt, vermehrt es.

Das Tao des Himmels vermindert Besitz im Überfluß
doch vermehrt es Ungenügendes.

Des Menschen Tao ist jedoch anders:
Sie nehmen denen, die zu wenig haben und geben es denen, die im Überfluß haben.
Wer kann im Überfluß besitzen und davon der Welt geben?
Nur die, die im Besitz des Tao sind.

Daher handeln die Weisen, aber suchen kein Lob dafür,
sie vollenden ihre Werke, aber verweilen nicht dabei,
sie wollen nicht mit ihrer Überlegenheit angeben.

Erste und zweite Strophe: Das Tao sorgt dafür, daß alles, was in einem Extrem ist, sich in sein Gegenteil verwandelt. Das ist auch die Grunderkenntnis des I Ging, des „Buches der Wandlungen".

Dritte Strophe: Hier wird wieder erst die Aufspaltung in ausbeuterische Reiche und ausgebeutete Arme angeprangert – das ist das Pseudo-Tao der Menschen, d.h. der Weg der Menschen, ihr Verhalten. Nur die Taoisten geben allen, weil sie von allem genug haben – sie sind die innerlich Reichen.

Vierte Strophe: Diese Strophe könnte gar nicht noch klarer formuliert werden.

N Verstehen

70. Spruch

Meine Worte sind sehr leicht zu verstehen und sehr leicht zu befolgen,
doch in der Welt versteht sie niemand und befolgt sie niemand.

Worte haben Ahnherren und Taten haben Gebieter.
Wahrlich, ich werde wegen Mißverständnissen nicht verstanden.
Die, die mich verstehen, sind selten und das ist der Grund,
warum ich so geschätzt werde.

Daher tragen die Weisen grobe Kleidung aber verbergen einen Juwel.

Taoismus ist im Grunde schlicht und einfach – aber wie alles schlichte und einfache oft schwer zu erfassen. Daher werden die Weisen oft für Narren gehalten.

„Worte haben Ahnherren" bedeutet, daß Worte aus Überlegungen und Gedanken (Ahnherr des Wortes) folgen. „Taten haben Gebieter" bedeutet, daß hinter einer Tat ein Wille (der Gebieter der Tat) steht.

Viele frühe Völker wie z.B. die alten Ägypter oder naturverbunden lebende Völker wie die Navaho-Indianer kannten das System „Wille im Herzen → Gedanken im Kopf → Worte im Mund". Dabei wurde diesem Vorgang eine schöpferische und magische Kraft zugeschrieben.

Auch Lao-tse beschreibt hier diesen Vorgang, der von innen nach außen führt: Wille (Gebieter der Taten) → Gedanken (Ahnherr der Worte) → Worte (Nachkommen der Gedanken).

71. Spruch

Das Wissen, daß man nicht weiß, ist das Höchste,
nicht zu wissen, daß man nicht weiß, ist ein Fehler,
diesen Fehler als Fehler zu erkennen, ist daher nicht fehlerhaft.

Weise Menschen begehen keine Fehler:
Da ihnen dieser Fehler fehlt, begehen sie keine Fehler.

Die erste Zeile ist auch die Grunderkenntnis des griechischen Philosophie-Begründers Sokrates: „Ich weiß, daß ich nichts weiß.“

Der Rest der ersten Strophe ist ein Wortspiel – an dem die Menschen auch schon damals bei vielen Völkern ihren Spaß hatten.

Auch die zweite Strophe ist solch ein Wortspiel: Der Satz „Weise Menschen begehen keine Fehler.“ ist eine Vorstellung, die kein weiser Mensch haben wird. Und weil weise Menschen davon ausgehen, daß auch sie Fehler machen, machen sie keine Fehler – womit die Aussage „Weise Menschen begehen keine Fehler.“ dann doch richtig ist, weil weise Menschen sie für falsch halten und deshalb mit dem, was sie sagen recht haben … usw. …

Ein sehr gut gelungenes Wortspiel, das sich selber ad absurdum führt und trotzdem richtig ist.

81. Spruch

Wahre Worte sind nicht schön – schöne Worte Worte sind nicht wahr.
Fähige Menschen streiten nicht – Streitende sind nicht fähig;
Wissende sind nicht gelehrt – Gelehrte sind nicht wissend.

Weise Menschen horten nicht:
je mehr sie für andere tun, umso mehr haben sie selber;
je mehr sie anderen geben, umso mehr und mehr erhalten sie selber.

Des Himmels Tao ist Nutzen und nicht Schaden,
der Mensch Tao ist Wirken ohne Wettstreit.

In der ersten Strophe werden drei Aussagen jeweils doppelt definiert. Solche Doppel-Darstellungen sind die älteste bekannte Form des Reims: der inhaltliche Reim. Er findet sich außer in vielen Strophen des Lao-tse auch bei den Sumerern, bei den Alten Ägyptern, in den Zaubersprüchen der Germanen usw.

Die drei Aussagen sind, daß Taoisten direkt und unverblümt reden, daß sie aus der inneren Kraft heraus handeln und daher nicht streiten müssen, und daß sie die Dinge intuitiv und nicht aus Gelehrsamkeit heraus erkennen.

O Behutsamkeit

64. Spruch

Was friedlich ist, ist leicht zu lenken,
dem, was sich noch nicht andeutet, ist leicht zuvorzukommen;
was brüchig ist, wird leicht zerbrechen,
was winzig ist, wird leicht verstreut.
Behandle die Dinge, wenn sie noch nicht das sind, was sie werden könnten;
schaffe Ordnung in ihnen, wenn sie noch nicht durcheinander sind.

Ein Baum, den man nur mit Mehreren gemeinsam umfassen kann,
entstand aus einem winzigen Sprößling,
ein neunstöckiger Turm erhebt sich aus einem Häufchen Erde,
ein Reise von tausend Meilen beginnt mit Deinen Füßen hier unten.

In etwas einzugreifen bedeutet es zu zerstören,
etwas zu ergreifen bedeutet es zu verlieren.
daher greifen die Weisen nicht ein und zerstören daher auch nichts,
daher ergreifen die Weisen nichts und verlieren daher auch nichts.

Die Menschen verfolgen ihre Angelegenheit oft bis kurz vor die Vollendung –
und verderben es dann doch noch.
Sei daher behutsam am Ende wie am Anfang
und verdirb Dir dadurch nicht Deine Angelegenheit.

Daher begehren die Weisen kein Begehren,
und schätzen nicht die schwer zu erlangenden Güter;
sie lehren: nicht zu belehren,
und kehren dorthin zurück, wo alle Menschen vorübergegangen sind;
daher fördern sie aller Geschöpfe selbst-Werdung
aber wagen es nie, sich einzumischen.

Die beiden ersten Strophen raten zur Voraussicht und zur Behutsamkeit – beides sind Aspekte des von Lao-tse und auch von dem gleichzeitig lebenden Kung-fu-tse gepriesenen „rechten Maßes" in allen Dingen.

Die dritte Strophe rät dazu, das Leben fließen zu lassen und nicht selber einzugreifen, sondern das Tao sich entfalten zu lassen.

Die ersten beiden Strophen und die dritte Strophe scheinen sich zunächst zu widersprechen: Wie soll man die Dinge behutsam lenken, wenn man nicht eingreifen soll? Die Lösung dieses Widerspruchs liegt in dem Wort „behutsam": Der Weise handelt sanft und nicht mit Gewalt.

Die vierte Strophe weist auf ein weit verbreitetes Phänomen hin: Die Menschen neigen dazu, kurz vor dem Ziel aus lauter Freude über das bevorstehende Erreichen des Zieles oder aus Erschöpfung Fehler zu machen, die dazu führen, daß man das Ziel dann doch nicht erreicht.

In der fünften Strophe wird gesagt, daß der Weise nichts begehrt, nichts lehrt, sich nicht einmischt und unauffällig abseits der „Großen Ereignisse" bleibt. Er fördert die Selbstfindung aller Menschen nur durch sein Vorbild und letztlich dadurch, daß er im Tao ruht und aus ihm heraus handelt.

P Gemeinschaft

67. Spruch

Alle Welt nennt mein Tao groß und offenbar unvergleichlich –
wahrlich, es ist groß, weil es offenbar unvergleichlich ist;
wäre es vergleichbar, so wäre es schon längst unbedeutend geworden.

Wahrlich, ich besitze und bewahre und beschütze drei Schätze:
der erste wird Nächstenliebe genannt,
der zweite wird Genügsamkeit genannt,
der dritte heißt Bescheidenheit: keine dreisten Taten vor aller Welt.

Durch die Nächstenliebe kannst Du mutig sein,
durch die Genügsamkeit kannst Du großzügig sein,
durch Bescheidenheit kannst Du erfolgreich Deine Talente ausreifen lassen.

Heutzutage wollen sie die Nächstenliebe aufgeben, aber trotzdem mutig sein,
heutzutage wollen sie die Genügsamkeit aufgeben, aber trotzdem großzügig sein,
heutzutage wollen sie die Bescheidenheit aufgeben, aber trotzdem voraus sein –
das ist wirklich tödlich.
Wahrlich, die Nächstenliebe wird im Kampf siegen
und in der Verteidigung widerstehen.

Der Himmel wird Dich erretten und Dich durch Liebe beschützen.

Durch das Tao hat man innerlich Fülle, Kraft und Selbstliebe und ist daher eigenständig und unabhängig.

Da man das Tao in allen und in allem sieht, hilft man allen Wesen.

Das ist die Haltung eines Taoisten, das ist die Haltung eines Bodhisattwas.

Wer im Tao ruht, wird von dem Tao beschützt.

Dieser letzte Punkt ist durchaus wörtlich zu nehmen. Ich kenne eine Frau, die durch den Amazonas-Urwald gewandert ist und die so sehr auf die Muttergöttin vertraut hat, daß ihr auch wirklich kein Unglück passiert ist. Eine andere Bekannte von mir ist durch die Sahara getrampt und ist während des Sechs-Tage-Kriegs zwischen Israel und Ägypten in der dortigen Wüste gewandert. Beide haben ein solch großes Vertrauen, daß ihnen nichts passieren konnte.

69. Spruch

Strategen haben den Leitspruch:
  „Ich werde es nicht wagen zuerst anzugreifen,
      und verteidige lieber,
    Ich werde es nicht wagen, einen Zoll vorzurücken,
      sondern werde lieber einen Fuß zurückweichen.“

Dies nennt man Vorangehen ohne vorzugehen,
abwenden ohne Drohgesten,
zwingen ohne Kampf,
beherrschen ohne Waffen.

Es ist kein Unheil größer als den Feind zu unterschätzen,
denn wenn ich meinen Gegner unterschätze,
habe ich meine Schätze schon fast verloren.
Daher wird, wenn sich zwei gleichstarke Gegner treffen,
tatsächlich der siegen, der mehr Mitgefühl hat.

Vorsicht und Behutsamkeit sind auch im Krieg gute Ratgeber.
  Der Heerführer, der mehr Mitgefühl hat, ist der Heerführer, der mehr auf das Wohl der Allgemeinheit schaut und daher diese Allgemeinheit hinter sich hat. Dieser Heerführer ist auch derjenige, der das Tao besser erfaßt hat, denn das Tao ist in allem – daher verletzt man sich letztlich selber, wenn man einen anderen verletzt.

79. Spruch

Wenn man einen großen Zorn abgekühlt hat,
wird sicherlich noch ein Rest von Wut bleiben;
wie könnte man das entsprechend gut machen?

Daher kümmern sich weise Menschen um die nachteilige Seite des Vertrages,
aber fordern nichts von den anderen ein.
Mit innerer Kraft hält man Verträge ein,
ohne innere Kraft klammert man sich an sein Recht.

Das Tao des Himmels ist ohne Günstlinge
– es ist für immer mit allen guten Menschen.

Der Lateiner sagt: „Das am strengsten ausgelegte Recht ist das größte Unrecht." Diese Erkenntnis hatte auch Lao-tse.

Das Recht sollte das Gute fördern und das Gesetz ist ein Versuch, dieses „rechte Handeln" in Regeln zu fassen. Da das Leben jedoch vielfältig und fließend ist, muß man sich stets zuerst einmal die Situation anschauen und das Gesetz beiseite lassen.

Wer auf Paragraphen pocht, fördert nicht das Gute. Ein Richter sollte daher eigenständig sein und in dem Tao ruhen.

Wer in dem Tao ruht, wird gut handeln und wird von dem Tao beschützt werden. Das ist sehr viel wirksamer als das Pochen auf Paragraphen.

80. Spruch

Kleinere Reiche, weniger Einwohner.
Laßt sie dutzende, hunderte Gerätschaften haben, doch nicht benötigen,
laßt die Leute den Tod ernst nehmen,
und nicht in die Ferne schweifen.

Auch wenn sie Kriegsschiffe und Streitwagen haben,
  so gibt es keinen Grund sie auch zu benutzen;
auch wenn sie Rüstungen und Waffen haben,
  so gibt es doch keinen Grund, sie zur Schau zu stellen.
Laßt die Menschen zurückkehren zum Knüpfen und Verwenden von Schnüren.

Genußvoll sei ihre Speise,
schön ihre Kleidung,
friedlich ihr Wohnen,
fröhlich ihr Brauchtum.

Nachbargemeinden mögen einander erblicken,
beiderseits der Hähne und Hunde Laute hören,
doch die Menschen erreichen hohes Alter und Tod
ohne einander jemals besuchen gegangen zu sein.

Die Aussage dieser Strophen ist einfach zu erfassen: Gemeinschaften gedeihen, wenn sie das Wesentliche tun, wenn sie bescheiden bleiben, wenn sie friedlich bleiben, wenn sie nicht zu viel wollen.

Gemeinschaften gedeihen, wenn sie sich das Gespür für das rechte Maß in allen Dingen bewahren.

III Der Rheinische Taoismus

Die Haltung des Lao-tse findet sich auch in vielen anderen Kulturen wie z.B. im Buddhismus.

Man kann sie jedoch auch an eher unerwarteten Stellen wiederentdecken wie in einigen Kölner Lebensweisheiten. Wann diese entstanden sind und wer sie formuliert hat, ist unbekannt – vermutlich sind sie einfach im Laufe der Zeit von verschiedenen Menschen spontan gesagt und dann weiterverbreitet und immer wieder verändert worden, bis sie die heute beliebten und bekannten Formen erlangt haben.

Die folgenden 20 Sprüche sind nicht so tiefsinnig wie der chinesische Taoismus und sie erwähnen auch kein Tao, aber die Ähnlichkeit mit den Lehren des Lao-tse ist unverkennbar.

1. Spruch

Et es wie et es.

(Es ist, wie es ist.)

Die Dinge sind so, wie sie sind. Verschieße nicht die Augen davor – aber resigniere auch nicht!

2. Spruch

Et kütt wie et kütt.

(Es kommt, wie es kommt.)

Dieser Spruch hat dieselbe Bedeutung wie der vorige. Er drückt ein gelassenes Akzeptieren des Lebens und seiner unerwarteten Wendungen aus.

3. Spruch

Mer muss de Feste fiere wie se falle.

(Man muss die Feste feiern, wie sie fallen.)

Auch dieser Spruch ist eine Aufforderung, die Dinge so anzunehmen, wie sie kommen.

4. Spruch

Et bliev nix wie et wor.

(Es bleibt nichts wie es war.)

Dies ist eine Aufforderung, sich auf den ständigen Wandel der Dinge einzulassen, sich an nichts festzuhalten und die Dinge immer wieder loszulassen, wenn es an der Zeit dafür ist.

5. Spruch

Wat fott es, es fott.

(„Was fort ist, ist fort.")

Auch dies ist eine Aufforderung, das Alte loszulassen und ihm nicht nachzutrauern.

6. Spruch

Wat wells de maache?

(„Was willst du machen?" im Sinne von „Da kann man nichts tun …")

Man sollte die Dinge annehmen, wie sie kommen und nicht mit dem Schicksal hadern und hart werden.

7. Spruch

Et jeit immer wigger.

(Es geht immer weiter.)

Auch das ist wieder die Aufforderung, in dem Wandel des Lebensflusses mitzuschwimmen.

8. Spruch

Man möht och jünne künne.

(Man muss auch gönnen können.)

Dies ist eine Aufforderung, nicht gierig, neidisch und eifersüchtig zu sein. Das ist vergleichbar mit dem Rat, in der Fülle des Tao zu bleiben.

9. Spruch

Et hätt noch emmer joot jejange.

(Es ist bisher noch immer gut gegangen.)

Vertraue in das Leben.

10. Spruch

Nix es esu schlääch, dat et nit och für jet joht wöhr.

(Nichts ist schlecht, daß es nicht auch für etwas gut wäre.)

Jedes Leid kann, wenn man es genauer betrachtet, auch eine Hilfe auf dem Weg zu einem besseren Leben sein.

11. Spruch

Maach et joot, ävver nit zo off.

(Mach es gut, aber nicht zu oft.)

Die Weisheit der 14. Tarotkarte: Bewahre in allen Dingen das rechte Maß.

12. Spruch

Kenne mer nit, bruche mer nit, fott domet.

(Kennen wir nicht, brauchen wir nicht, fort damit.)

Man sollte alles Neue erst einmal genau betrachten, bevor man es in das eigene Leben übernimmt. Braucht man das wirklich? Ist es förderlich?

13. Spruch

Jeder Jeck is anders.

(Jeder Mensch ist anders.)

Ein „Jeck" ist ein Narr oder Clown und im weiteren (kölschen) Sinne ein Teilnehmer einer Karnevalsveranstaltung, auf der sich jeder anders verkleidet hat.

Dieser Spruch ist die Erkenntnis, daß jeder Mensch anders ist und daß man jeden am besten auf seine persönliche Art glücklich werden läßt.

14. Spruch

Leeve un levve losse.

(Leben und leben lassen.)

Dies ist wie der vorige Spruch eine Aufforderung zu Gelassenheit und Toleranz.

15. Spruch

Drinks de ejne met?

(Trinkst du einen mit?)

Dieses Angebot, ein Glas Bier o.ä. auszugeben, entspricht dem Brauch der Gastfreundschaft sowie der allgemeine Aufforderung, freundlich miteinander umzugehen und niemanden auszuschließen.

16. Spruch

Mer läv nur einmol.

(Man lebt nur einmal.)

Man sollte jeden Augenblick seines Lebens so gut wie möglich nutzen.

17. Spruch

Wat soll dä Kwatsch?

(Was soll das sinnlose Gerede?)

Wenn einem etwas Unsinniges begegnet, sollte man nicht einfach mitlaufen und mitmachen, sondern mutig fragen, was der Unsinn soll – und dann zuhören, was der andere daraufhin sagt.

18. Spruch

Do laachs de disch kapott.

(Da lachst du dich kaputt.)

Ohne Humor ist das Leben schwierig – Humor macht es leichter, etwas loszulassen, nicht hart zu werden, sondern weich zu bleiben.

19. Spruch

Et jitt kei größer Leid, als wat der Minsch sich selvs andät.

(Es gibt kein größeres Leid, als das was sich der Mensch selber antut.)

Dies ist eine der tieferen Einsichten – die einbeschließt, daß auch „jeder seines Glückes Schmied ist" und seine Situation selber ändern kann.

20. Spruch

Ich han zwei Arm för ze arbeide,
ävver och zwei Bein, for d'r Arbeit us dem Wääch ze jon.

(Ich habe zwei Arme zum Arbeiten,
aber auch zwei Beine, um der Arbeit aus dem Weg zu gehen.)

Arbeit ist gut, Fleiß ist auch gut – aber man sollte beides nie übertreiben.

Lao-tse

Bücher von Harry Eilenstein

- The Synthesis of Physics and Magic (192 p.)	- Money Magic for Beginners (60 p.)
- Telepathy for Beginners (60 p.)	- Magic Objects for Beginners (64 p.)
- Telepathy for Advanced Learners (52 p.)	- Shamanism for Beginners (52 p.)
- Telekinesis for Beginners (56 p.)	- Chakra-Magic for Beginners (148 p.)
- Life Force for Beginners (76 p.)	- Language of the Moon – for Beginners (128 p.)
- Kundalini for Beginners (104 p.)	- Self Knowledge for Beginners (60 p.)
- Astral Projection for Beginners (60 p.)	- Da'ath-Magic for Beginners (64 p.)
- Meditation for Beginners (60 p.)	- Astrology for Beginners (112 p.)
- Prophecy for Beginners (60 p.)	- Number Symbolism for Beginners (64 p.)
- Ritual Magic for Beginners (64 p.)	- Mandalas for Beginners (76 p.)
- Magic Chant for Beginners (108 p.)	- Crop Circles for Beginners (344 p.)
- Invocations for Beginners (52 p.)	- Feng Shui for Beginners (96 p.)
- Evocations for Beginners (62 p.)	- Magic Research for Beginners (140 p.)
- Auto-Movement for Beginners (60 p.)	
- Elves for Beginners (56 p.)	- Magic for Beginners – Anthology I (636 p.)
- Hypnosis for Beginners (56 p.)	- Magic for Beginners – Anthology II (616 p.)
- Love Magic for Beginners (52 p.)	- Magic for Beginners – Anthology III (684 p.)
	- Magic for Beginners – Anthology IV (580 p.)

Religion allgemein
- Die sieben Schritte des Lebens (428 S.)
- Muttergöttin und Schamanen (168 S.)
- Totempfähle (440 S.)
- Der Urriese (168 S.)

Jungsteinzeit
- Göbekli Tepe (472 S.)
- Die Göttin von Göbekli Tepe (144 S.)

Ägypten
- Hathor und Re 1: Götter und Mythen im Alten Ägypten (432 S.)
- Hathor und Re 2: Die altägyptische Religion – Ursprünge, Kult und Magie (396 S.)
- Isis (508 S.)

Christentum
- Christus (60 S.)
- Die Biographie des Teufels (144 S.)

Indogermanen
- Die Entwicklung der indogermanischen Religionen (700 S.)
- Wurzeln und Zweige der indogermanischen Religion (224 S.)

Griechen
- Pan (336 S.)
- Poseidon (668 S.)

Inder
- Dakini (80 S.)
- Vajra (76 S.)

Germanen
- Die Götter der Germanen (87 Bände – siehe nächste Seite)
- Odin (300 S.)

Kelten
- Cernunnos (690 S.)
- Taliesin (228 S.)
- Der Kessel von Gundestrup (220 S.)
- Der Chiemsee-Kessel (76)

Psychologie
- Über die Freude (100 S.)
- Das Geheimnis des inneren Friedens (252 S.)
- Das Beziehungsmandala (52 S.)
- Gefühle und ihre Verwandlungen (404 S.)
- einsgerichtet (140 S.)
- Liebe und Eigenständigkeit (216 S.)
- Von innerer Fülle zu äußerem Gedeihen (52 S.)

Heilung
- Die Symbolik der Krankheiten (76 S.)

Kunst
- Herz des Tanzes – Tanz des Herzens (160 S.)
- Die Wurzeln der Kunst (60 S.)
- Wege zur Musik-Improvisation (32 S.)

Drama
- König Athelstan (104 S.)

„Magie für Anfänger"

- Telepathie für Anfänger (60 S.)
- Telepathie für Fortgeschrittene (52 S.)
- Telekinese für Anfänger (52 S.)
- Analogien für Anfänger (56 S.)
- Lebenskraft für Anfänger (60 S.)
- Meditation für Anfänger (56 S.)
- Kundalini für Anfänger (100 S.)
- Hypnose für Anfänger (56 S.)
- Auto-Movement für Anfänger (56 S.)
- Chakra-Magie für Anfänger (148 S.)
- Astralreisen für Anfänger (56 S.)
- Astrologie für Anfänger (120 S.)
- Silberschnüre für Anfänger (52 S.)
- Zaubersprüche für Anfänger (60 S.)
- Ritual-Magie für Anfänger (56 S.)
- Mandalas für Anfänger (68 S.)
- Geldzauber für Anfänger (56 S.)
- Liebeszauber für Anfänger (52 S.)
- Invokationen für Anfänger (52 S.)
- Evokationen für Anfänger (60 S.)
- Geister für Anfänger (52 S.)
- Elfen für Anfänger (56 S.)
- Magie-Forschung für Anfänger (140 S.)
- Magie-Romantik für Anfänger (60 S.)
- Selbsterkenntnis für Anfänger (52 S.)
- Einweihungen für Anfänger (60 S.)
- Drogen-Kabbala für Anfänger (216 S.)
- Zahlensymbolik für Anfänger (60 S.)
- Die Sprache des Mondes – für Anfänger (116 S.)
- Zaubergesänge für Anfänger (100 S.)
- Zukunftschau für Anfänger (60 S.)
- Schamanismus für Anfänger (52 S.)
- Schwitzhütten für Anfänger (52 S.)
- Magische Gegenstände für Anfänger (68 S.)
- Zaubertränke für Anfänger (64 S.)
- Magie-Gesten für Anfänger (252 S.)
- Da'ath-Magie für Anfänger (64 S.)
- Kornkreise für Anfänger (348 S.)
- Feng Shui für Anfänger (96 S.)
- Tao für Anfänger (112 S.)
- Magie für Anfänger – Sammelband   I (696 S.)
- Magie für Anfänger – Sammelband   II (664 S.)
- Magie für Anfänger – Sammelband   III (580 S.)
- Magie für Anfänger – Sammelband   IV (700 S.)
- Magie für Anfänger – Sammelband   V (676 S.)

Eilenstein, Frater V.D., Knecht, Büdenbender

- Magie heute – Berichte aus der Praxis (288 S.)
- Living Magic (261 p.)

„Traumreisen"

- Traumreisen zu Heilpflanzen (700 S.)

Magie

- Handbuch für Zauberlehrlinge (408 S.)
- Tarot (104 S.)
- Physik und Magie (184 S.)
- Die Synthese von Physik und Magie (200S.)
- Die Magie-Formel (156 S.)
- Schwarze Löcher in der Magie (56 S.)
- Krafttiere – Tiergöttinnen – Tiertänze (112 S.)
- Schwitzhütten (524 S.)
- Mythen und Magie der Harfe (116 S.)
- Drei Adeptus Major Rituale (192 S.)

Meditation

- Der Lebenskraftkörper (230 S.)
- Die Chakren (100 S.)
- Das Chakren-System mit den Nebenchakren (296S.)
- Organe und Chakren (64 S.)
- Die platonischen Körper in den Chakren (156 S.)
- Meditation (140 S.)
- Drachenfeuer (124 S.)
- Kundalini I (676 S.)
- Kundalini II (672 S.)
- Reinkarnation (156 S.)
- einsgerichtet (140 S.)

Astrologie

- Astrologie (496 S.)
- Photo-Astrologie (428 S.)
- Die astrologischen Aspekte (88 S.)
- Horoskop und Seele (120 S.)

Kabbala

- Kursus der praktischen Kabbala (150 S.)
- Eltern der Erde (450 S.)
- Blüten des Lebensbaumes:
  - Die Struktur des kabbalistischen Lebensbaumes (370 S.)
  - Der kabbalistische Lebensbaum als Forschungshilfsmittel (580 S.)
  - Der kabbalistische Lebensbaum als spirituelle Landkarte (520 S.)

Büdenbender, Eilenstein

- Chaos, Alk und Magic (436 S.)

Die Themen der 87 Bände der Reihe „Die Götter der Germanen"

1. Die Entwicklung der germanischen Religion
2. Lexikon der germanischen Religion
3. Der ursprüngliche Göttervater Tyr
4. Tyr in der Unterwelt: der Schmied Wieland
5. Tyr in der Unterwelt: der Riesenkönig   Teil 1
6. Tyr in der Unterwelt: der Riesenkönig   Teil 2
7. Tyr in der Unterwelt: der Zwergenkönig
8. Der Himmelswächter Heimdall
9. Der Sommergott Baldur
10. Der Meeresgott: Ägir, Hler und Njörd
11. Der Eibengott Ullr
12. Die Zwillingsgötter Alcis
13. Der neue Göttervater Odin   Teil 1
14. Der neue Göttervater Odin   Teil 2
15. Der Fruchtbarkeitsgott Freyr
16. Der Chaos-Gott Loki
17. Der Donnergott Thor
18. Der Priestergott Hönir
19. Die Göttersöhne
20. Die unbekannteren Götter
21. Die Göttermutter Frigg
22. Die Liebesgöttin: Freya und Menglöd
23. Die Erdgöttinnen
24. Die Korngöttin Sif
25. Die Apfel-Göttin Idun
26. Die Hügelgrab-Jenseitsgöttin Hel
27. Die Meeres-Jenseitsgöttin Ran
28. Die unbekannteren Jenseitsgöttinnen
29. Die unbekannteren Göttinnen
30. Die Nornen
31. Die Walküren
32. Die Zwerge
33. Der Urriese Ymir
34. Die Riesen
35. Die Riesinnen
36. Mythologische Wesen
37. Mythologische Priester und Priesterinnen
38. Sigurd/Siegfried
39. Helden und Göttersöhne
40. Die Symbolik der Vögel und Insekten
41. Die Symbolik der Schlangen, Drachen und Ungeheuer
42.a Die Symbolik der Herdentiere I
42.b Die Symbolik der Herdentiere II
43. Die Symbolik der Raubtiere
44. Die Symbolik der Wassertiere und sonstigen Tiere
45. Die Symbolik der Pflanzen
46. Die Symbolik der Farben
47. Die Symbolik der Zahlen
48. Die Symbolik von Sonne, Mond und Sternen
49.a Das Jenseits I – Das Hügelgrab
49.b Das Jenseits II – Der Jenseitsweg
50. Seelenvogel, Utiseta und Einweihung
51. Wiederzeugung und Wiedergeburt
52. Elemente der Kosmologie
53. Der Weltenbaum
54. Die Symbolik der Himmelsrichtungen und der Jahreszeiten
55.a Mythologische Motive I
55.b Mythologische Motive II
56. Der Tempel
57. Die Einrichtung des Tempels
58. Priesterin – Seherin – Zauberin – Hexe
59. Priester – Seher – Zauberer
60. Rituelle Kleidung und Schmuck
61. Skalden und Skaldinnen
62 Kriegerinnen und Ekstase-Krieger
63. Die Symbolik der Körperteile
64.a Magie und Ritual I
64.b Magie und Ritual II
64.c Magie und Ritual III
65. Gestaltwandlungen
66.a Magische Angriffs-Waffen
66.b Magische Verteidigungs-Waffen
67. Magische Werkzeuge und Gegenstände
68. Zaubersprüche
69. Göttermet
70. Zaubertränke
71. Träume, Omen und Orakel
72. Runen
73. Sozial-religiöse Rituale
74. Weisheiten und Sprichworte
75. Kenningar
76. Rätsel
77. Die vollständige Edda des Snorri Sturluson
78. Frühe Skaldenlieder
79.a Mythologische Sagas I
79.b Mythologische Sagas II
80. Hymnen an die germanischen Götter